智慧新零售

实体店零成本赋能实战技法

汪朝林 著

海天出版社
· 深圳 ·

深圳市零成本科技股份有限公司创始人团队（从左到右）
汪朝林、金剑君、莫今维

深圳市零成本科技股份有限公司深圳总部技术中心

2017 年度 JNA 创新企业大奖颁奖现场

智 慧 新 零 售

2018 年度 JNA 创新企业大奖获奖证书及奖杯

智　慧　新　零　售

2018—2019 年度零成本科技团队合影

2019 年首届珠宝互联网营销大会现场零成本智慧零售运营中心集体留影

智 慧 新 零 售

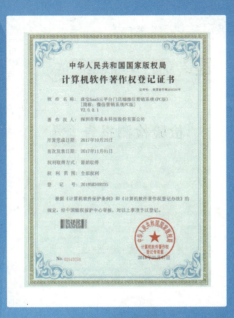

珠宝 SaaS 云平台门店端微信营销系统（PC 版）
著作权登记证书

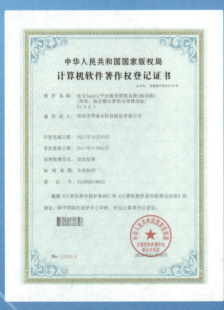

珠宝 SaaS 云平台门店端微信营销系统（移动版）
著作权登记证书

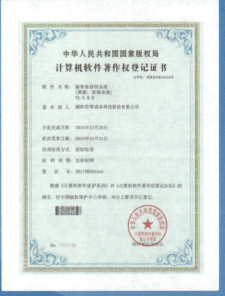

新零售营销系统著作权登记证书

智 慧 新 零 售

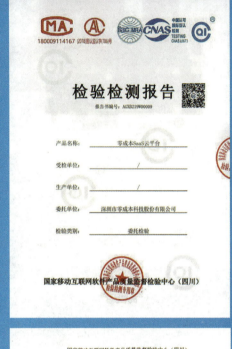

零成本 SaaS 云平台经国家移动互联网软件
产品质量监督检验中心检验符合标准要求

序言一

朝林于 1999 年加入周大福，我刚好作为他刚进公司时的导师和指路人，一路见证了他的努力和对事业的追求。受他邀请为《智慧新零售》一书作序，甚是欣慰。

近年来，新零售、智慧零售等概念不断被提出，在企业的发展中掀起了一股巨浪。过去有商界人士常常认为实体店与互联网势同水火，却不曾想到，实体店与互联网融合发展，也能创造出 1+1>2 的惊人效果。

在看朝林这本书的过程中，我欣赏他独到的商业敏锐度与超出时代的眼光。能有超前意识并立刻去做的人是极少数的，而朝林不但自己去做了，现在还要带动更多的珠宝同行一起探索和思考智慧零售这个新领域。

这本书系统地解析了零售的本质是流量，也详细地解释了"实体店 + 互联网"到底是怎么一回事，更是充满了对实体企业家的鞭策与鼓舞，以上这些也绝非是华而不实的心灵鸡汤，朝林以其丰富的实践经验，给出了实体店向智慧零售转型的详尽方案。

转型为智慧零售，不是简单地与过去的传统零售一刀两断，更不是对未来盲目的追逐，它应该是实体店完成自我蜕变和自我升级的一个过程。它也是将原有的核心能力，通过互联网和大数据的赋能，转换为结果的一个过程。

我想各位正经历转型阵痛的实体店领导者，肯定最关心两个问题，就是如何掌握核心能力，又怎么转换为结果。

用互联网思维经营企业，用流量池留住客户，用大数据等新技术精准营销，加强数字化组织运营和团队建设，用数字化为企业赋能……关于上述两个问题的答案贯穿于朝林的整本书中。

朝林对零售趋势的敏感，让他洞悉零售市场上的创新，而他也总能以自己的经验和求知欲，第一时间将这些商业敏感转化、吸收并且分享，在这个风云变化的零售行业中执着地做一件有益于全行业的事情。

这是一本实战指南书，更是对当下智慧零售企业的新业态、新模式的研究和提炼。

推动人类社会进步的外在动力是什么？是技术，是信息。

推动人类自身进步的内在动力是什么？是不断且快速地学习新知识、新技术的能力。

面对当下以及未来，我想如今不仅仅是珠宝零售行业，任何一个行业都要学会审时度势、激流勇进，先他人之先，抓住机会，应对随时到来的挑战。从这一层面而言，我想朝林这本书，不但对珠宝零售的同行们有深刻的启发，对各行各业正在经历变革的人来说，都有裨益，这也正是此书的价值所在。

陈世昌

周大福珠宝集团执行董事

序言二

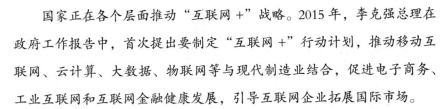

国家正在各个层面推动"互联网+"战略。2015 年，李克强总理在政府工作报告中，首次提出要制定"互联网+"行动计划，推动移动互联网、云计算、大数据、物联网等与现代制造业结合，促进电子商务、工业互联网和互联网金融健康发展，引导互联网企业拓展国际市场。

更值得一提的是，"互联网"一词在 2015 年的政府工作报告中被提及 8 次，其中"移动互联网"和"互联网金融"被提及 2 次；"互联网+"在 2016 年的政府工作报告中被多次提及，这说明国家在政策层面上支持传统企业向"互联网+"企业转型，这对于处在传统行业的企业来说，就是时代的发展趋势。

2017 年，商务部流通业发展司发布的《中国零售行业发展报告（2016/2017 年）》预测，未来的零售市场将会以互联网、物联网、人工智能及大数据等领先技术为驱动，数字化技术将虚拟与现实深度融合，传统零售在物理空间和时间维度上将获得极大延展，消费者不再受区域、时段和店面等因素限制，零售行业终将发展成面向线上线下全客群，提供全渠道、全品类、全时段、全体验的新型零售模式。

随着移动互联网的兴起，国家正在各个层面、各个领域、各个行业推动互联网和大数据的整合与发展。因为社会效率的提高、损耗的降低、信息的对称都要求信息高速公路的发展。

中国 5G 的到来，必定重新带来一次信息和商业变革。有前瞻眼光的实体企业家，应该要预见到企业转型的机会，更快地提升企业对客户的服务效率和服务体验，不断创新商业模式和服务模式，使得中国企业在同世界企业的竞争中占领一个新的优势。

值得一提的是，信息时代的数据安全是所有企业和个人所关注的。国家正在不断加强保护每个企业自身的信息数据安全。信息和数据是企业、组织自身的数字资产，任何机构和个人都不能非法获取、倒卖、出售和牟利。相关企业在数字化转型的关键时刻，要选择有开发实力、持续服务能力的公司作为长久的战略合作伙伴。

李国贵

国家移动互联网软件产品质量监督检验中心（四川）主任

序言三

作为改革开放窗口的深圳，聚集了许多具有改革之心的人。这些锐意改革的人又在推进时代的进步。

就珠宝行业来讲，汪朝林先生正是这样有改革创新意识的人。他既是一位有丰富企业管理实践经验的企业家，又是善于理论研究的思想者，理论与实践的结合，诞生了智慧零售的思想。

20 世纪 80 年代，内地市场一金难求。沙头角中英街曾一度出现了购金热，每天有数万人拥挤在狭小的中英街，抢购珠宝。90 年代初期，终于有了几家"以加工为主"的珠宝企业，落户于深圳的罗湖水贝。自此以后，深圳的珠宝行业乘着改革开放的发展浪潮，迅速壮大，在数年内成为全国乃至世界范围内最大的珠宝商业圈之一。从 90 年代伊始，深圳就成了中国的珠宝之都，而深圳珠宝产业的重心在水贝。

2018 年，深圳全年黄金、铂金实物提货量占上海黄金交易所实物销售量的 70%；用于制造珠宝首饰的成品钻石的用量占上海钻石交易所成品钻石一般贸易进口量的 90%；有色宝石镶嵌首饰、金镶玉首饰绝大部分是深圳制造；翡翠镶嵌、玉石镶嵌规模以上的制造企业几乎都在深圳；3D 硬金制造加工、硬金镶嵌宝石首饰制造加工业几乎全在深圳。

直至现在，深圳仍然是中国珠宝首饰制造交易中心和物料采购中心以及信息交流中心，是粤港澳大湾区珠宝产业的中心区域。

珠宝行业经历了以前阳光灿烂的日子，如今产业调整也如暴风雨来临的前夕，正在悄然酝酿之中。

这几年，尤其是 2017 年之后珠宝产业变化很大，互联网的冲击、消费者习惯的改变、行业内的同质化竞争、企业利润的减少，珠宝行业的从业者都在思考下一步的转型之路。我们的珠宝零售业缺乏创新，实体店的转型势在必行。

读完这本书后，我对珠宝实体店的转型有了新的认识，朝林在这本书里给了我很多启发，相信也能给更多的珠宝人以启发。朝林对珠宝业乃至零售业有着非常深刻的认识和见解，给出了实体店的智慧转型之路。

在"互联网+"的时代，不少珠宝企业未能及时跟上时代的步伐。如今是"智能+"的时代，我们更应该努力改变原本的经营思维，拥抱智慧零售，打造我们的智慧店铺。

在这个 80 后、90 后逐渐成为珠宝消费主体的年代，我们要主动去了解，什么是流量？流量的入口在哪里？流量的转化要素有哪些？

如书中描述，只有精准了解您的客户，才能做好个性化、差异化服务。"互联网+""智慧+"的理念不仅便捷了人民的生活，同时将打破地域、时空的局限，在商家与消费者之间建立新的桥梁，为零售业带来了新的机遇。

对于每一个珠宝企业而言，只有打造自有流量池，建立智慧零售珠宝金店，珠宝行业的市场才有一个新的发展空间。

杨绍武

深圳市黄金珠宝首饰行业协会执行会长

前 言

　　我从 1999 年进入周大福，到现在做了整整 20 年的珠宝行业品牌运营与管理工作，见证了珠宝行业的风风雨雨、潮起潮落。

　　时代变化得太快，曾经赚得盆满钵满的珠宝行业，如今却渐显颓势。许多人用"寒冬"来形容 2018 年的珠宝行业环境，然而直至步入 2019 年，或许才真的感受到这是"至暗时刻"。

　　珠宝产业从暴利、微利到负利，经过一轮市场调整再回归产业健康发展是势所必然。珠宝市场从增量向存量过渡，从多品牌多门店的分散式到强势品牌、区域品牌的集中式只是时间问题。珠宝产业调整的速度比之前产业发展的速度要快得多，产业发展可能用了 20 年，但产业调整也许只要三五年。每一个从业者都在思考新的商业模式和盈利模式。

　　很多珠宝零售实体店把自身的衰落归咎于电商冲击、白热化的竞争，但其实实体店的颓势，更多的是自身的故步自封。

　　如今，新零售、智慧零售在各行各业展现强劲发展势头，互联网、大数据、人工智能和实体经济的深度融合，既是国家经济发展的必然趋势，又为传统实体业的变革指出了明确方向，"实体店＋互联网"是现在传统零售业转型的必由之路。

　　近年来，很多传统企业已经意识到了转型的必要性，也都在谋求转型。2013 年之前传统企业的老板们问我最多的问题是企业如何触网做电商，到 2015 年时他们喜欢问企业如何平衡传统渠道和电商渠道，最近问得最多的是智慧零售到底该怎么做。

从这些问题变化本身就反映出传统企业的老板们心中的焦虑，焦虑企业的前途，焦虑跟不上新时代……与焦虑对应的是企业策略经常调整，会议越来越多，但还是不能有效把脉新零售、新经济。

我们都知道，马云等一众电商大佬提出了新零售和智慧零售的概念。新零售是指更有效率的零售，智慧零售是指更加智能的零售，在本书中都会介绍。不管是哪种零售方式，其核心价值最后都是作用于企业运营的价值逻辑。

企业有两个价值逻辑，对内的价值逻辑和对外的价值逻辑：

企业对外的价值逻辑：经营客户，即引流、转化、成交（锁定）、连单、裂变。

当传统零售店铺还在听天由命和靠天吃饭地被动等待客户上门时，智慧零售店铺已经开始线上和线下的"双网融合"，主动"经营客户"，从而吸引精准客群持续自动来店。从靠天吃饭转变成靠人（客户）吃饭。

智慧零售店铺的价值链是："引流——转化——成交（锁定）——连单——裂变"，客户从哪里来？如何转化？如何锁定（成交）？如何连单？如何裂变？这五个动作背后的原理、方案、功能、规则，企业都要深入研究琢磨。

企业对内的价值逻辑：经营伙伴，即文化价值观建设、组织结构建设、职能建设、流程建设、绩效建设。

（1）文化价值观建设是建立共同的价值观和愿景，形成目标体系、价值体系和行为体系，只有同频的团队才会众心所归，众心所归才会众力所指；

（2）组织结构建设是理顺指挥体系，谁指挥谁，谁向谁汇报，避免政出多门，造成下属无所适从；

（3）职能建设是明确各个岗位的具体任务是什么，这样才能专业专注，专注才能产生力量；

（4）流程建设就是内部管控，就是明确做每一件事的方法和顺序，这样才能让日常工作井井有条，不会因为员工离职而造成工作无法衔接，同时做到人尽其才；

（5）绩效建设就是通过绩效目标管理激发员工的主动性和创造力。

企业要发展，一定要懂得三个"Shi"：一"势"，作为企业，应当懂得顺势而为，结合国家倡导的宏观方向，这样才能事半功倍；二"市"，全面了解市场整体情况，了解行业发展趋势和消费需求变化，让企业在发展过程中少走弯路；三"事"，在具体工作中，制定详细的目标、制度，把每一件事情都做到极致。

所以实体店互联网化首先是一种思维、一种眼光、一种选择，然后才有一个决定、一个行动和一个结果。无论是哪个品牌或者哪个岗位，以后落实"实体店 + 互联网"都是一个不能缺失的核心能力。未来在珠宝行业会有一个新的职位产生：互联网营销师。如果缺乏互联网思维和能力，未来在这个市场上将没有任何竞争力。

只有走在行业变革的前沿，才能在行业发展的潮流中占据一席之地。

长期从事珠宝行业和实体店运营咨询，我的身份是多元化的，这种多元的身份也让我对珠宝行业的发展有了诸多的思考和感受。2016 年我和另外两位合伙人创立了零成本科技公司，专注于研究和实践实体店的互联网转型。

在这本书中，我将为大家倾囊分享珠宝行业如何从实体店流量困境中找到新的流量增长和盈利模式，运用引流、转化、锁定、复购、裂变等智慧零售的场景营销，结合零成本科技数字化智慧系统解决珠宝实体店进店率、成交率、客单价、连单率、复购率等问题，进而有效提升门店业绩。除此之外，在人、钱、货、客、场这些经营要素上，探索智慧零售的转型。

通过我们的思考和实践，这本书将给予大家一些在实体店转型以及数字化智慧系统建设上的参考。当然，在消费升级的时代，转型不仅仅是在智慧系统上，各个珠宝企业在品牌价值建设、产品结构规划、品牌IP产品塑造、社群营销、连锁管理体系、新型团队打造等各个方面都需要升级。在接下来的日子里，我们将与诸位一起砥砺前行，帮助珠宝行业的各位同行完成移动互联网时代下的蜕变。

这本书不是我一个人创作的，零成本科技公司是我和金剑君先生、莫今维先生共同创办的，书里面许多内容都有他们的思考和智慧，特别感谢他们。

这本书也是零成本科技公司每个伙伴的共同结晶。没有这些伙伴的探索和实践，不可能有这本书的问世。在此感谢零成本科技公司所有的伙伴，他们在智慧零售的转型方面，都做出了非常多的贡献。感谢零成本科技公司的客户，因为有这些客户的信任和支持，我们才有了实践的机会。许多客户正在追随着智慧零售的脚步，一步步创造着未来。

最后还要感谢我的家人，在我繁忙的工作和写作中，给予我许多支持和鼓励。

目 录
CONTENTS

第三章　对接智慧零售：实体店互联网发展的前提　059

第四章　困局：因循守旧的实体经营者　089

第一章

流量为王：
一切生意的幕后推手

生意的本质是什么？

以前在线下开店，位置好意味着人流量大，商家的竞争就在于占领商圈、旺铺和好地段。那时，只要珠宝门店够大，招牌够亮，广告砸钱够多，就会源源不断地带来客流量。

互联网出现后，尤其是电商的崛起，开始冲击传统线下零售。但互联网的商业模式基本上都可以归结为流量模式，其本质仍是流量之争。

技术的更新迭代，都是为人服务，都离不开用户流量。

互联网教父凯文·凯利曾说："目光聚集之处，金钱必将追随。"

所以，不管是互联网生意，还是传统生意，流量决定一切：流量的获取能力决定了生意的扩张力度，流量的转化率决定了生意的收入，流量的获取成本是生意的最重要成本之一。

零售的本质就是流量，流量是零售企业的血液。

流量就是市场。而对流量的掌控能力正是这次零售业变革的核心。

失去流量就等于失去一切，这曾经是互联网的生存法则，如今同样适用于所有实体零售企业。

第一节　实体店零售之困

生意难做，关键在于客户流量，客户流量分为自然流量和经营流量。在现在的商业环境下，大部分靠自然流量的生意都比较难做，因为一有竞争，自然流量就下滑。

智慧零售的转型，其实更多的是获取流量方式的转型，从传统的自然流量转向经营流量。零售企业只有将经营流量做起来，形成私域流量的"鱼塘"，促进多次"回流"，才能有源源不断的流量源头。传统零售企业都是生于拉新，死于留存。

一、金店多过米铺：竞争白热化

在讲流量之前，我们先说说现在实体店的困境。

这些年，我听到珠宝门店经营者发出的最多的一句感慨就是："现在生意越来越难做。"

"开店赚钱"曾是创业者普遍选择的模式，但是现在，想创业的人都会问一个问题：开店还能赚钱吗？

在实体经营的黄金时代，物质相对匮乏，供不应求，商品出售不愁没有市场。商人都有"逐利"心理，当看到一个产品或者地理位置有盈利空间，就会迅速投入其中。

近几年来，商业地产的高度开发，使得商业街区、购物中心如雨后春笋般冒出来，与此同时，门店数量与日俱增。

在一个消费者数量稳定的商圈，如果第一家珠宝门店能赚 50 万元，开了第二家店就只能赚 25 万元，第三家店勉强能吃饱，第四家、第五家……第 N 家呢？

这就是我们今天看到的"金店多过米铺"的现状。

据中国连锁经营协会调查，2000 年前后，中国零售企业的门店的数量迅速翻倍。然而，自 2010 年起，实体店拐点初现，零售业进入"销售下降、利润下滑"的区间。[1]

除了电商冲击之外，这与实体店"井喷式"的增长有莫大的关系。

有数据显示，截至 2018 年 8 月，全国 3 万平方米以上的购物中心已经超过 8000 家。有分析称，到 2020 年，我国的购物中心将有可能突破 1 万家[2]，届时将占全球总数的一半之多，这还不包括其他零售业态，这是一个多么庞大且可怕的数字。

开店赚钱，所以大家都去开店，最后形成了一种"做什么生意都好难"的现象。

因为客流在迅速摊薄。实体门店大多开设在步行街、商业街、百货商场和大型购物中心，是二级流量甚至三级流量。步行街、商业街、百货商场和大型购物中心作为一级流量入口，本身就已客流不够，专柜、门店的客流量可以想象只会更少。

以珠宝行业为例，自 2003 年开始，伴随着贵金属市场的开放，中国珠宝行业经历了一个快速发展的阶段，全国珠宝零售额从 800 多亿元发展到 2016 年的 5000 亿元左右，平均增长速度达到了 30% 以上[3]，造

---

① 统计结果来源：《中国连锁零售企业经营状况分析报告（2014—2015）》，中国连锁经营协会。

② 数据来源：赢商网大数据中心统计。

③ 数据来源：《中国珠宝首饰行业现状和发展前景分析》，中商产业研究院。

就了中国大批实力珠宝企业。

但是自 2013 年起，珠宝市场开始变天。有句话说"中国珠宝看深圳，深圳珠宝看水贝"，原来深圳水贝及其周边的店铺，都被珠宝企业以高价收购或租赁，改造成展厅或形象店。然而仅仅三四年时间，关门大吉的企业高达几百家，原本热热闹闹的水贝街铺变得门可罗雀。

连续三年，全国珠宝零售总额都在 5100 亿元左右徘徊，增长率极低。虽然在理性数据上有回暖趋势，但是在感性认知上并非如此，"寒冬之年""洗牌之年"的说法仍流传在业内，可见珠宝商们倍受煎熬的内心。

店越开越多，但现在是一个产品过剩和渠道多元化的年代，商家们经营的顾客都是同一批，早已饱和的市场已经无法接纳越来越多的店铺，实体店的生存空间和利润越来越少。珠宝企业以"跑马圈地"、急速扩张门店数量来获取市场占有率的方式早已经成为过去时。

在过去的一段时间里，实体店经营者们经历了从高峰到低谷的滑铁卢，在日益白热化的竞争中，能存活下来都属幸运。

二、千店一面：同质化严重

现在，大街小巷上都是店铺，当你从一条街上走过，看到的几乎都是同一类型的实体店，左边全是珠宝店，右边全是服装店，再往前走走，左右全是手机店。

当你进入到同类型的不同珠宝品牌门店去看它们的产品，不管是产品种类、款式还是价格都基本相同，唯一不同的是放在了不同的地方，由不同的人售卖，但是，售卖的方式也大同小异。在同一地段以相似的品牌、相似的手法卖相似的产品，这样根本没有利润。换掉这些实体店头顶的 LOGO（标志）后，真的分得清究竟谁是谁吗？在这么相似的经营条件下，那就看谁的获客效率更高，获客能力更强！

过去，珠宝行业发展的第一阶段是产品阶段，核心是产品。

通过大规模生产、大规模推广、大规模销售来实现盈利，这种卖货思维导致产品越来越同质化。以前，店员出门发广告传单，没一会儿就发完了，现在顾客手里拿着十几张传单，有人会花时间看吗？

过去，实体店背靠人口红利的卖方市场，日子过得很舒坦，现在买方市场兴起，获取客户的成本越来越高。

传统的红利时代已经走向末路，珠宝实体店的利润以肉眼可见的速度从暴利、均利一步步迈向微利甚至负利。

生死攸关之际，珠宝行业经营者们要怎么做，才能让自己在这场竞争中不被淘汰呢？

实际情况已经告诉我们，在竞争的压力下，珠宝门店非但没有走出"趋同"的泥沼，反而越陷越深。

他们通常会犯的错误包括但不仅限于以下几种：

看到人家赚钱就盲目跟风，造成行业门店的装修和布局高度"神似"；

"什么流行引进什么"，只考虑自己和竞争对手卖什么样的产品，不考虑顾客需求的多样性；

只考虑客单价，不考虑复购率；

只考虑商品的毛利率，不考虑商品的周转率；

……………

盈利模式同质化、品牌同质化、渠道同质化、营销同质化……千店一面，归根结底，就是零售模式的落后。

在当前消费环境下，消费者购买行为变化，同行业竞争格局改变，运营成本越来越高，内外交困的境地，成为悬在珠宝实体店头上的达摩克利斯之剑。

市场变了，珠宝实体店的出路在哪里？

三、选择永远大于努力

干掉你的，从来不是你的竞争对手，而是你不愿改变的思想；

成就你的，也绝不是你的聪明才智，而是你顺势而为的选择；

选择永远大于努力！

所谓船大难掉头，看似规模庞大的传统企业，在遭遇市场变化时，才惊觉自身既不具备原有的抗风险能力，也缺乏在全新产业链中绝对的话语权，而此时转型或另谋出路往往为时已晚。

风口变了。

过去，我们的珠宝实体店经营者开店就像在海滩边搭房子，时不时冲来一个浪头，势头都不大，顶多带走房子的边边角角。

但是这次，突然一个大浪打来，一下子把人都打晕了。谁都想不到，这次的浪势头太强，小"房子"直接给拍没了，大"房子"也岌岌可危。

我们曾经做过一个调研，养活一家珠宝店大概需要 5 万个适龄消费者，就是说，拥有 5 万个顾客才能保证一家珠宝店收支平衡。

但实际上是多少个人拥有一家珠宝店？

平均 1.5 万人！这是一个相当残酷的数字，意味着目前市场超过一半以上的珠宝店是多余的。只是由于珠宝的客单价高，虽然毛利率低，但整体亏损不大。除此之外，珠宝作为一种特殊属性商品，残值率高，也是许多珠宝门店还在继续经营的原因。

任何实体企业都是伴随着问题的出现与问题的解决而不断发展的。问题有大有小，不管是管理的还是营销的，在大变革的浪潮下，如果都只是在原来的基础上修修补补，没有完成真正的转型，被淘汰是最终的命运。细节不能决定成败，当战略方向出错时，执行得再好也是必败无疑。

以前的知识告诉我们，成功是 99% 的汗水加 1% 的运气。但是到了今天这个阶段，我想这句话要改一下，成功是 98% 的方向加上 1% 的汗水加上 1% 的运气。

不是说汗水不重要，回过头想想，哪个创业者不是没日没夜拼命干出来的？但是成功率依然这么低。

如果方向不对，即便 100% 的努力和汗水，成功的机会基本上也只有 1%，所以前期赛道的选择就非常重要。

举个小小的例子，像马云，他非常聪明，他的本科专业学的是英语，一开始选行业也是在英语领域，如果他一辈子都在英语领域工作，靠他的聪明才智和努力也会很牛，如果一直做老师，可能无论他再怎么努力，最多也只是一个非常优秀的英语特级老师。但是在互联网还没兴起的时候，他就看出了这个产业的发展前景，并最终选择了在互联网领域创业，打造了中国最牛的电商平台。

你能说马云不努力吗？互联网巨头哪个不努力，他们在努力之余，又有长远的眼光和大局观，即便发展到今天这样的地位，仍在不断创新，寻找新的突破方向。

企业也是一样，首先要有方向，唯有方向正确，努力才会有价值和意义，否则依然颗粒无收。

今天实体零售有四大边界：门店面积、营业时间、到店顾客、有限产品。就是说，今天的零售门店只能在固定的营业面积和时间内，面对有限的进店客人，销售在店内陈列出来的货品。这种极度依赖客流量，又无法创造客流量的售卖方式既费资金又费精力。

如果不改变这种现状，经营模式还是老一套，还是生产、流通、上架、广告等，消费者已经完全对你提不起兴趣了，途径与目标之间无法有效连接，企业的路子只会越走越窄。

实体店经营困难，很多人认为是因为电子商务的竞争与分流，导致实体店客人减少、销售下滑，但珠宝行业电商所占市场份额还非常小，因为珠宝产品重体验高单价的特性，消费者购买珠宝时还是优先选择到实体店。

电商不是造成珠宝实体店困局的主要原因，消费疲软、竞争激烈、消费分流才是主因。

时代变化太快了，珠宝零售行业当年以占领区域盈利的巅峰期已经过去，曾经草肥水美的地盘早已刮起无情的沙尘暴，寸草不生，这时候还在练习吃草的技术、讲究吃草的勤奋已经没有任何意义了。

你曾以为的稳定，正在慢慢消磨你的竞争力。

四、困境的本质：流量枯竭

在经济学上，有一个理论叫"自行车理论"，什么是自行车理论呢？

绝大部分人应该都骑过自行车，要保持自行车的稳定，就要给它提供一定的动力支撑，一旦没有动力驱使，自行车就会倒下。

那么，把经营比喻成骑自行车，动力的来源是什么？是人，也就是说，店铺经营最关键的是客流量。没有人，没有客流量，就没有动力，店铺就运转不动，运转不动的后果很严重，就是倒闭。

下面这个业绩公式，相信大家都不陌生：

业绩 ＝ 进店率 × 成交率 × 客单价 × 复购率 × 转介绍（裂变）

在业绩公式中，进店率排在首位，这已经说明了客流（流量）的重要性。有了进店率，才有后面一系列销售动作的产生，没有人进店，哪里来的成交？更没复购率、客单价什么事了。进店率为零，业绩等于零。从这一点来说，进店率就是一切。

所以客流（流量）才是生意真正的核心和价值。

过去，金店的红利期来自渠道为王的商业环境。在没有互联网的年代，商品的流通主要依靠渠道，流量的获取只能靠线下店面。

一家珠宝门店就是一个渠道，但只能覆盖周围十几公里的消费人群。所以过去的实体店，都是等客上门的坐商，说得更明白一点，就是"守株待兔"，等客上门。有客人上门就做笔生意，没客人就没办法。这种坐商的引流方式就是占领商圈、发宣传单、游街造势、下乡服务、车体广告、搭台表演，收效并不理想。

一是覆盖面太窄，传播效率低；二是不能精准锁定目标客户；三是员工执行难度高，人力成本高。

不管是线上生意还是线下生意，我们都离不开"获客"（流量）这个最核心的基本问题。

所以在本小节前面讲实体店经营的四个困境时，都是在讲一件事情：流量的分流与枯竭。

同一群生意人，用同样的办法，针对同一群顾客，最后结果自然就是争得头破血流。

这才是造成实体店经营困难的根本原因。

时代在变，实体店面临诸多挑战和机遇。责怪电商让实体店经营者们生存困难，这是不理性的。竞争永远存在，在卖方市场条件下，实体店的日子无疑好过得很，但是一旦进入买方市场，竞争愈演愈烈，实体店的舒服日子就会越离越远，而电商的发展只是增加了竞争的因素，添加了变数而已。即便是电商产生之前，世界上每天也有大量实体店因流量经营不善而倒闭。

现在，新一轮零售革命已经到来，大家都开始新一轮的流量争夺战，如果现在还不懂流量，基本可以告别零售业了。过去的成功经验已经创造不了新的增长，企业必须改变自己，才能在零售革命中占领一席之地！

第二节 流量永不过时

> 没有自主经营流量的思维，就要为二级流量的分流做好心理准备。
>
> ——汪朝林

一、互联网巨头：掌握线上流量

在中国互联网的历史上，所有的商业模式基本上都可以归结为"流量的生意"。

在 20 世纪 90 年代，新浪、网易、搜狐、腾讯四大门户网站几乎同时横空出世，形成了中国互联网的第一代大格局，并迅速霸占了第一批网民。

第一代网民几乎都是通过这四大门户网站来阅读新闻资讯，四大门户网站成为中国最早的线上流量聚集地，但当时只是最简单的商业模式：通过新闻资讯来吸引流量，然后把流量卖给广告商赚取价值。

随着互联网的发展，大众也有了更多元化的需求，BAT 顺势而生，三足鼎立，成为新一代互联网巨头。

互联网巨头的共性就是，以需求建立流量：

B（百度）——以搜索建立流量；

A（阿里巴巴）——以电商建立流量；

T（腾讯）——以社交建立流量。

通过搜索、购物、社交功能，BAT 开始接管中国新一代网民。

百度是一个完全依靠流量而生存的公司，通过搜索引擎吸引大量用户使用，再将用户流量卖给各方广告主。

阿里巴巴最早专注于开拓电子商务市场，所以在在线购物平台掌握了做大的流量入口。

腾讯则主攻社交，过去是 QQ，现在是微信，通过即时通信工具，腾讯几乎垄断了在线通信的全部流量，牢牢奠定了它在社交领域坚不可摧的霸主地位。

阿里巴巴、百度、腾讯三者相恨相杀，都是为了守护自己的流量。流量是所有电商企业的根基。这些年京东、拼多多的强势崛起，抢占了很多电商市场，电商平台的流量遭到了瓜分。

到了移动互联网时代，技术的革新导致了线上流量的大变革，大量新用户最开始接触的就是移动互联网，又因为移动互联网的便利性，大量的 PC 流量被转移到移动端。在此潮流下，产生了美团、小米、滴滴、今日头条、抖音等流量新贵，腾讯因为有微信"大杀器"，几乎嫁接了所有流量新贵，在移动互联网时期抢尽了风头。

美团从开始的吃喝玩乐团购发展到现在的多元化经营，从外卖、电影票到酒店、旅游，多个领域稳占排行榜第一；小米主营业务是手机，但一直宣称自己是互联网公司，因为小米手机只是个载体，大量使用小米手机的用户是源源不断的优质流量，利用这些流量，小米建立了小米生态、小米金融、小米游戏等；今日头条和抖音是在移动互联网时代仅次于微信的流量之王，通过智能推荐和即时资讯控制用户的时间。

在移动互联网时期，流量这门生意属于腾讯，属于微信。这些年支付宝不断烧钱搞红包大战，跟微信抢社交这块蛋糕，其实它要争夺的还是其中最宝贵的流量资源。

纵观中国互联网的发展历史，本质上就是一场赤裸裸的流量争夺史，谁抢占的流量多谁就会成为下一个巨头新贵。中国互联网巨头如此，互联网生态中的小创业公司、个人也都基于此，不是在巨头的生态下挖掘剩余流量价值，就是依赖于这些巨头，在巨头的流量下建立起自己的商业模式。

在所有的流量生意中，谁掌握了一级流量的入口，谁就有话语权，剩下的都是流量批发和流量变现。

腾讯的九宫格是最好的案例。

"九宫格"：微信流量的商业化之路

现在，打开微信支付，第三方服务里躺着的是各领域的巨头。

从拼多多、美团、蘑菇街到滴滴、转转、唯品会等，"九宫格"所代表的，是腾讯和微信的支持，以及巨大的流量入口。

这流量入口值多少钱？

拼多多认为"九宫格"的流量入口值 28.52 亿美元。在拼多多 2018 年披露的招股书中，拼多多与腾讯达成战略合作框架协议。根据战略合作框架协议，腾讯同意向拼多多提供微信支付接口上的接入点，使其能够利用腾讯微信支付的流量。

拼多多将微信中的这个巨大流量接入点算作了 28.52 亿美元的无形资产。拼多多和腾讯的战略合作框架协议自 2018 年 3 月 1 日起执行，直至 2023 年 2 月 28 日。也就是说，五年价值 28.52 亿美元，平均下来拼多多每天都要为微信流量入口支付 156.274 万美元！

根据专业分析师分析，腾讯的增长引擎，已经发生了可逆性变化，投资收益绝大部分来自微信流量池的变现。

在《腾讯传》一书中，吴晓波将微信的一系列商业运作评价为：

"腾讯在资本市场上实现的微信价值套现。"

曾经的腾讯"九宫格"现在已经变成了"十二宫格"，未来还会有哪些企业挤破头在其中占据一格，我们不可预知。但这说明了一个道理，中国互联网的生意基本上都是围绕流量来运作的商业模式，只要依托流量，商业模式就会有无限可能性。

只有想不到，没有做不到。

二、实体店：自然流量不堪一击

目前，实体店的经营模式就是依靠自然流量变现，其实也就是由百货商场或者商业街转化而来的二级流量。

假如你开一家珠宝店，你的选址逻辑是什么？是不是考虑这个地方人多不多？有多少人会经过你的店？用互联网的语言来说，这些人就叫"流量"，用线下的语言叫作"人流量"。其实，在任何一个地方开店，本质上就是要获得这个地方的自然流量。

现在为什么生意难做？

因为只要遇到竞争，必然造成自然流量分流，从而导致生意减少。而自然流量，又天然地会遇到强有力的竞争，商人的"逐利"模式决定了竞争的存在。

曾经热火朝天的珠宝卖场或步行街上的珠宝店，如今却门庭冷清。究其原因，就是一条街上几十家金店把自然流量瓜分得干干净净。

随着店铺数量变多，从同一个渠道获得流量的成本一定会越来越高。

但是运营成本低了吗？开珠宝实体店的都知道，不管你生意好不好，租金该多贵还是多贵，而且在地段越好的购物中心，租金只会越来越贵。

那有人就会说，现在电商这么发达，我可以去网上开店，不用交租金，照样可以赚钱。

现在电商的生意真的会比实体店好做吗？

以我身边做珠宝生意的朋友为例，他们入驻电商平台，亏损数额不小。曾有卖和田玉的企业做到电商平台的销售第一名都没赚到一分利润。为什么？因为这些电商平台是做流量批发的，吸引客流，然后批发给入驻平台的商户，现在平台的流量已经贵到离谱了。

举个例子，你入驻电商平台开珠宝店，一开始，你什么推广费都不花，就跟开实体店时的"坐商"一样等客上门。这时你的流量成本是 0 元，但是每天的销量只有 2 件。

这时候你就想，这样下去不行，我要做推广，让更多的人来店里。可以，上直通车，点击竞价。如果其他店家都在直通车进行宝贝推广，想要获得好的排名和流量，就要进行竞价操作，和其他竞争商家比出价，当自己的出价最高时才能获得首页排名展示的机会。这时候你的流量成本变成每个客人 100 元了，但你每天能卖出 500 件，投入产出比还算不错。

但是随着竞争越来越激烈，物以稀为贵，直通车价格也会水涨船高，可能过了一段时间，你的流量成本变成每个客人 150 元了，但是每天只能卖出 600 件。

想继续扩大？做站外推广，增加广告费的投放量级，流量成本越来越高，终于有一天，你的珠宝利润已经覆盖不了流量成本了，生意也就做到头了。

哪怕付了这一笔又一笔的流量购买费，入驻的商户是否真正得到了几个有效粉丝呢？大多数粉丝还是电商平台的粉丝，不是商户的粉丝。商户离开电商平台后，这些流量也就再见了，无法重复变现。

一个新兴的渠道，创业者越早地进入，它的流量成本就越低，这个就叫作趋势红利，创业者会有意识地利用趋势红利这个流量杠杆，但趋势红利不会永远存在。

所以很多人都说在 2010 年的时候开个网店，赚钱比较容易。到 2012 年再开，你可能得开个直通车、买点竞价排名，随着卖家越来越多，流量越来越贵，最终线上成本会和线下一样。

不管是线上平台，如唯品会、京东，还是线下商业地产，像万达、万象城，它们本质上都是"吸引流量，再向商户出售流量"的商业模式。如果把万达这类叫作商业地产，那么线上平台就是"网络商业地产"，它们没有任何区别。

所以实体店不管到哪里，都会因为二级流量的分流而陷入困境。

所有的二级流量渠道都是有天花板的，而且不堪一击。你在一个二级流量渠道想获取更大的流量，付出的成本一定会不断升高。

缺少流量，是当今很多企业、创业者都面临的巨大问题，特别是大流量都向 BAT 等平台聚集，平台牢牢掌控着流量的输出。中小企业和商家能力有限，获取不到流量，只能反过来依附大平台，靠着大平台给予的小流量艰难地维持着生存，而且按照趋势，获得流量的成本越来越高，发展越来越难。

从营业收入到利润比例，实体店正遭遇前所未有的难题，"黄金时代"一去不返，如果不能及时有效应对，很多实体店将更加步履维艰。

现在很多珠宝实体店老板还在用传统的经验和经营手法，对店务只进行微观提升，然而发现很多招数都失灵了。

以前珠宝零售行业学服务礼仪，讲销售技能，谈职业心态，讲产品陈列，这些都是需要持续提升的。只是现在核心和主要的矛盾在新的消费环境下发生了转移。在增量时代比拼的是谁能快速将蛋糕做大，那个时候不缺少客流，最重要的是做好内部管理，客人进店后，做好成交。在存量时代客流急剧减少，比拼的是谁切蛋糕的能力更强，分得更多的蛋糕。

增量时代是"坐商"，守株待兔，靠天吃饭。

存量时代要变成"行商"，主动出击，要靠人（用户）吃饭。

其实只要有源源不断的客流，每个店铺从老板到员工的心态都会非常好。

三、打破瓶颈：建立私域流量

以往，客户（流量）就像一条小河从实体门店的门口流过，门店通过一些传统的营销方式（如促销、发传单、门头装饰、高音喇叭、门口公关、商品美陈等）从这源源不断流过的水中取一瓢饮，这就是流量转化了。

然而我们现在面临着水流越来越小的窘境，当实体店已经不能简单地通过"换一个更大的瓢"或是"加快取水速度"等方式增加转化时，就需要更换策略：筑起一道大坝，先把这些水蓄起来，再取来用。

在贝佐斯的经营哲学中，有一条叫作"将战略建立在不变的事物上"。

流量，就是生意唯一不变的本质，低获客成本和高转化是所有企业永远在追寻的关键！

1. 私域流量的概念

最近有一个概念很火，叫"私域流量"，什么是私域流量呢？

在介绍"私域流量"之前，我们先了解一下流量池。

自 2016 年开始，几乎所有的行业都在为流量红利的消失而感到焦虑不安，流量匮乏已经成为企业刻不容缓的问题。彼时，神州专车的 CMO（首席营销官）杨飞先生就率先提出了"流量池"思维。

流量池的概念提出来后，很多人不太理解，还经常混淆流量思维和"流量池"思维，但其实这是两个概念。

流量思维是指获取流量然后变现流量，是传统企业常见的传统经营思维，只要店开在那，有客户上门就行，这显然就是造成今天传统企业流量困局的原因之一。

"流量池"思维则是在获取自然流量的基础上，把这些流量通过存储、运营、转化和裂变等手段聚集，再获得更多的流量。就好比你建了一个鱼塘，把你获得的鱼苗都丢进去，只要管理得当，这些鱼都是属于你的，而且还会鱼生鱼。

所以流量思维和"流量池"思维最大的区别就在于获得流量之后的行为。

那么私域流量呢？私域流量是在流量池的概念基础上，相对于公域流量而言的。

公域流量，我们在前两节讲互联网平台时提到过，就是指那些接入淘宝、京东、百度、拼多多这些公共流量池平台的流量。

公域流量属于各个平台，商家入驻后通过搜索优化、参加活动、花推广费以及开展促销活动等方式来获得流量进行销售。商家在公域流量池运营的核心是要熟练掌握平台规则，根据平台的发展规律进行运营。

而所谓私域流量，就是你自主拥有的流量，可以反复利用、无需付费，又能随时触达，如被沉淀在微信服务号、头条号、抖音号等自媒体渠道的用户，是真正属于商家的私有财产。

2. 私域流量的好处

既然说了实体店要通过私域流量解决目前的流量困境，我们就来谈谈私域流量到底有哪些好处，为什么能解决现在实体店的问题。

以前，我们打鱼，是在一个开放的区域，打到多少算多少，建立了私域流量之后，整个鱼塘都是属于商家自己的，想打多少就打多少，想养什么鱼就养什么鱼。

跟公域流量对比，你就能发现私域流量大有好处。

公域流量有三个特点：

（1）平台初期会有一些平台红利，流量成本比较低；

（2）随着平台的成熟，流量成本会越来越高；

（3）最终平台会变成一个收取"过路费"的渠道。

对于商家而言，早期入驻一个好的平台，如果运营得当，会获得不错的盈利。但是如果在一个平台处于成熟期时入驻，那么流量成本不会有什么优势，而且还可能因为不了解规则，花费不少高昂的学费。

同时，由于平台最终会变为收取过路费的渠道，因此商家在平台上的所有交易都要给渠道交一份钱。

但对于商家而言，和有过两次以上交易的熟客做生意，然后还要再交这个"过路费"就显得非常不划算了，等于白白把钱送到了别人的口袋。

另外，在数据即财富的时代，平台电商（京东、唯品会等）都会把客户的相关数据当作自己的核心资产，不会完全共享给商家。

所以在公域流量池平台的商家，完全处于被动选择地位。

公域流量模式存在这么多的问题，商家该怎么办呢？所以对私域流量的需求就诞生了。

对于传统企业和个体商家而言，建立私域流量模式有以下几个优点：

（1）性价比高，直接降低营销成本；

（2）流量可控性更高；

（3）可以深度经营用户。

举个例子，假如你拥有一家珠宝店，不管是在线下还是在线上，你花30元的流量成本获得了一个客户C，他购买了100元的产品，等于客户C贡献了70元的价值。如果你没有跟这个客户产生主动连接，他就流失了，那么这个客户就只为你创造了70元的价值。

但如果你能维护住这个客户，比如让他关注你的服务号，进入你的客户关系管理系统。这样你们之间产生了一个连接，后续可以通过活动、推送、聊天产生更多互动，过了一段时间，客户C又购买了100元的产品，这个时候他贡献的价值就是170元了。以此类推，只要这个客户成为你的忠实客户，就能为你源源不断地创造价值。

等积累了一批用户，企业就有了自己的免费推广渠道，可以直接把产品信息推给他们，而在这以前，你需要一次次地花钱做广告。企业连接的客户越多，企业未来的营销成本就越低，而且通过私域流量的联系，你可以更深入地了解客户需求，从而改变自己的销售策略。

所以，"私域流量"就是先把用户聚集起来，再经营起来，然后循环转化。只要有用户在手里，企业干什么都能成。过去很多实体企业没有重视用户运营，没把老客户颗粒归仓，等到现在流量贵了，而手上没有私域流量，一切依赖平台、付费广告，命运就不能掌握在自己手里。

为什么现在大家才注意流量问题呢？因为现在网上的公域流量饱和

了，红利期结束了，而竞争企业还在不断增加。私域流量的兴起，意味着企业的经营理念必须要改变了。

不管是大公司还是小公司，都要开始学会经营流量，只有自己有经营流量的能力，不单纯依靠渠道（店址）的自然流量，才能持续提高经营能力和利润回报，在残酷的流量竞争中存活。有经营流量的企业才对渠道有更多的话语权。

今天，私域流量的玩法才刚刚开始，仍然有很大的流量空间，只要用心经营，任何企业都能够掌握私域流量，不但能大大促进用户连接与黏性，还能增加粉丝忠诚度和销量。

私域流量就是以实体店为"体"，以互联网和大数据为两翼，插上一对会飞的翅膀，让实体店"飞"起来。实体店作为种子用户的入口，以互联网和大数据为工具不断将种子用户沉淀起来，让种子用户持续复购并裂变，拉新用户进来，形成流量池。

当然，建立私域流量池一定要有一系列的技术系统和技术工具，珠宝门店一定要选择有强大技术开发实力的公司，有持续迭代和服务能力的技术开发公司作为长期的信息化建设战略伙伴。

第三节　线下流量的发展历程

20世纪80年代到90年代是商品主导市场，个体小店都能赚钱；

90年代中期之后进入渠道主导市场，大卖场大百货统一市场；

现在，开启了用户决定市场的时代，你对客户有多了解，你的业务拓展就有多少种可能。

零售业的变革有三次：百货商场、连锁商店和超级市场。现在我们经历的是第四次零售革命，它是建立在互联网电商基础上，但又超越互联网的一次革命，它将带领人类走入智能社群商业时代。

一、商业街兴起：集中式"流量场"初现端倪

零售交易的存在，已经持续了相当长的一段时间。

如果以形成一定的区域规模划分，最早的零售交易发生在集市。有交易需求的人为了方便易物过程的进行，约定具体的交易时间和地点，后来交易的地点慢慢固定化，逐渐成为集市。

集市也是早期商业步行街的雏形。

在20世纪60年代后期欧美国家的一些城市，郊区购物中心的出现导致城市中心区的商业功能日益退化，人口流失，为了刺激城市中心商

业区的繁华与发展，第一代商业街诞生了。

早期商业街的出现，一改过去集市贸易时期规模小、条件差的状况，商家开始进店经营，并逐渐演变成集中式的店铺格局。

也由此导致消费者在选购商品时，对购物场所的选择逐渐摒弃单个购物场所，比如分散式的小卖部，而更趋向于选择卖家集中并有充分消费选择权的"街"，消费者的选择进一步刺激了商业街的迅猛发展。

商业街的出现，实现了吸引顾客的功能，形成了最初的"流量场"。

而商业街店铺的发展，也与商业街的发展形成了紧密联系，商业街商铺的经营情况完全依赖于整个商业街的经营状况。

经营状况良好的商业街，以庞大的人流量为标志。商铺的拥有者们通过"贩卖"商业街的流量，换取商户的租金，造就了一批收租金的"铺王"。

所以早期的商业街，都是用来集中"流量"的黄金场地，而"铺王"就是流量转化过程中最具有鲜明标志的衍生品。

二、购物中心：业态升级，场景流量革命

在商业街兴起的同时，另一种集中式的购物场所也在蓬勃发展，就是百货大楼和连锁超市。

改革开放以后，我国零售行业内掀起了一场百货商店革命。

20世纪80年代，由于经济极速增长，商品供应日益丰富，消费品市场逐步由卖方市场向买方市场转变，刺激了商业的繁荣。大百货商店可以满足消费者全方位的需要，成为发展最快的业态之一。

百货大楼的数量快速增加，成为在我国零售业中占统治地位的业

态。目前，中国自有的时尚百货品牌有王府井、天虹、新世界、华润、茂业、银泰等几十个连锁品牌，中国的百货产业进入了全面发展提高的成熟时期，同时也造就了一批上市龙头公司。

几年之后，连锁超市异军突起。超级市场以商品齐全、开架销售、一次结账的方式为消费者提供了良好的快消品购物体验，深受大众欢迎，从而吸引了大批客流，成为当时零售业中发展最快的业态之一。

近几年，购物中心模式将零售业态重新集聚，进行新的规划和整合，推动零售行业进一步现代化，同时促进零售行业业态升级，集零售、休闲、娱乐、餐饮为一体。

在智慧零售的背景下，购物中心正在变中求存。最近两三年来，购物中心展现出了"零售占比下降、体验业态上升"的发展特性，以"打造极致的消费体验"为核心，引入更多新兴业态，带来更多元的体验消费新风向，持续吸引客流。

目前运营得比较好的购物中心，其中的体验式业态超80%，餐饮、娱乐、亲子体验等已成标配，儿童、电影、文化艺术等主题商场更是层出不穷，这些都是电商零售所不具备的优势。新兴的如成都太古里、广州K11等都是场景体验的先锋之作。

未来，新一轮的"场景革命"正在成为吸引流量的关键。

三、第三级流量：社交电商智慧零售

近几年来，通过实践和观察，我提出了一个新的概念，叫"第三级流量"。

目前流量短缺是所有实体企业的困境，大型购物中心可以通过提高体验度升级为体验中心，持续吸引客人，保证"旺铺"地位。但是对于具体的实体门店和商场专柜来说，该怎么提高单个门店和专柜的流量？这就是我提出"第三级流量"所要解决的问题。

"第三级流量"是指各行各业的实体店通过拥有互联网和大数据的功能，用社区和产品的双重属性，通过解放流量来获取空间和时间，打开第三级流量入口，填补目前的流量短缺。这也是未来实体店的发展新模式——社交电商智慧零售，其核心就是"融合"：把实体门店、电商和微商三者有机结合。未来零售企业的商业模式不仅是门店，还是实体店＋电商＋微商模式。

实体店有两个老旧的思维：

（1）实体店的销售渠道仅仅只有店铺；

（2）打开大门，等待客户上门。

传统的实体店讲究的是引流和曝光，在开店的时候发传单、做广告，增加曝光度，让别人知道你是卖什么的，接着就是等着生意上门，处于被动地位。

但是，社交电商智慧零售讲究主动出击，对比过去传统零售方式有以下几个特点：

（1）电商让实体店拥有互联网和大数据的强大功能。

依托互联网之后，实体店的渠道不再局限于服务门店，解除了营业面积、地点、时间、对象和范围的限制，增加了获取更多客源的机会。

比如通用的功能是首次关注领取电子会员卡，通过电子会员卡自动获取了客户在微信注册的资料，然后自动领取电子优惠券用于首次消费。首次关注领红包就增加了获客的机会。

（2）微商是以会员或者粉丝为基础的社交营销和裂变营销，让人脉价值最大化。

通过不断地和客户互动，使客户的记忆持续留在你的店铺，并且通过客户创造客户，重构商家和用户之间的深度交易和服务关系，最终实现商家对用户的获取、转化和裂变。只有将用户经营成渠道，用户即渠道，流量才不会枯竭。

举个例子，你会更明白社交电商智慧零售和它带来的"第三级流量"的意义。

假设你在深圳本地开了一家珠宝店，先定一个小目标：不管全国的市场，专注于把深圳的 2000 万潜在客户经营好。

怎么经营呢？

通过移动互联网，企业的会员、会员的朋友圈等都是你店面的延伸，通过这些端口去网罗、吸纳新客户，当客户与你建立信任关系，成为你的粉丝后，他会带来他的朋友，产生客户裂变，长此以往，移动互联网就将你的生意辐射到了全深圳。

这时候深圳对你而言就是一个大社区，就好像我们的小区、社区一样，这个区域互联网内的人都可以成为你的用户。

当你专心从事珠宝行业的时候，你是不是会想方设法地打通珠宝行业的各种服务，并且通过各种渠道去接触你的潜在客户？

那么除了直接接触客户，还有什么办法？接触对珠宝有需求的其他行业，就是我们常说的异业联盟，这样一来，你就打造出了一个行业互联网，覆盖了所有跟珠宝有关的行业，也通过互联网的方式把他们都一"网"打尽，汇聚在了你的社区互联网内。

经营好产品和用户，将两者都经营到极致，实体店的未来会有无限的想象空间。

所以这种新的实体店商业模式就叫社交电商智慧零售。在建立"私域流量"的同时，开启第三级流量的入口，成为 2019 年以及未来的主流商业模式，也会造就一个新的流量时代。

理论上说，只要有一群忠实的粉丝用户，根据用户的属性，除了销售珠宝，还可以销售这个社群里用户感兴趣的其他商品。跟珠宝的产品属性有关的服饰、个人美妆，甚至家庭用品等，这是商业模式的更宽更广的延伸。围绕一群强黏性的用户，进行终身、立体的经营，这是一个可实现的梦想。

第二章

"实体店 + 互联网"：
实体店复兴密码

如果说互联网的上半场是从线上到线下的革命，那么它的下半场就是从线下到线上的革命。

2016 年 10 月 13 日，在杭州举办的云栖大会开幕式上，阿里巴巴集团董事局主席马云精神抖擞地发表了一场演讲。他第一次提出了"新零售、新制造、新金融、新技术、新能源"的"五新"概念。

马云在谈到新零售时表示，纯电商时代很快就会结束，未来的 10 年、20 年，没有电子商务一说，只有新零售一说，也就是说线上线下和物流必须结合在一起，才能诞生真正的新零售。物流的本质不仅仅是要比谁做得更快，物流的本质是真正消灭库存，让库存管理得更好，让企业库存降到零。

一语激起千层浪，一时间"新零售"这个词占据了各大媒体头版。但其实，马云提出新零售这个概念完全有迹可循。

在上一章，我们花了很大的篇幅讲述流量的概念和作用，也说明了电商流量的红利期已过，当流量市场越来越小的时候，各个互联网巨头只能转向广袤的线下存量市场。

以全国小卖部为例，这种形式的零售终端总数达 600 多万，分布在各个社区和基层，是零售的终端环节，它们面对的客户市场规模在千亿级别，覆盖各类人群，下至小孩上至老人，这都是电商无法触及的流量蓝海。

中国零售行业发展至今，从每年的零售数据中，我们就能发现，线下的实体店仍然有着电商无法取代的优势。

2019 年 1 月 24 日，商务部公布了一组数据：2018 年，全国实现社会消费品零售总额 38.1 万亿元，其中线上零售额为 7 万亿元，占社会

消费品零售总额的比重达到 18.4%；另一方面，实体零售业呈现稳步发展态势，在商务部的重点监测零售企业中，便利店、超市销售额同比分别增长 7.9% 和 4.9%。

电商经过 10 余年的高速发展，看上去已然非常发达，但是依然有 81.6% 的消费发生在线下。而电商发展至今，其成本之高几乎和实体店不相上下，随着新一轮的产业升级与消费体验升级，线下实体店的逆袭已经成为全球的热门话题。

"实体店不行了"其实是一个伪命题。

目前，各大互联网巨头正纷纷往线下布局，例如，美团要实现餐饮企业的数字化，腾讯要做各行各业的数字助手，京东要成为零售基础设施服务商，阿里巴巴则要打通零售的边界。

新技术的出现没有改变零售的商业本质，但确实改变了零售业的形态。有意思的是，每一种零售新业态的兴起都和网络相关，互联网是离我们最近的一个。

所以，"实体店＋互联网"大有可为：互联网为线下赋能，提高效率；线下门店为互联网带来新的流量，增加用户。珠宝的消费者更注重体验，所以珠宝门店更容易以实体形象和产品结构作为品牌信任和价值背书，用互联网连接更多的消费者。

只要精确地洞察实体店和互联网的特性，知己知彼，理解它们各自的优劣势，完全可以实现线上线下优势互补，最大限度地发挥两者的优势，为零售行业的发展带来新的能量与方向，完成向智慧零售的转型。

未来，传统商业融入互联网会形成新的生产力，促进整个实体业的换代升级。

第一节 从"电"到"店"的大棋局

> 时代的潮流无法阻挡，互联网大佬们纷纷进军实体店，线下实体店也都在谋求互联网的庇护，在智慧零售的汹涌浪潮下，任何零售企业都无法幸免，要么加入，要么离开这个行业。
>
> ——汪朝林

一、由"亿元赌局"引发的"新零售"论

2012 年，在"CCTV 中国年度经济人物"颁奖典礼上，马云和王健林同台领奖，两个人在台上针尖对麦芒，设下了一个金额高达"一个亿"的赌局。

当时，王健林说："中国电商，只有马云一家在盈利，而且占了 95% 以上的份额。他很厉害，但是我不认为电商出来，传统零售渠道就一定会死。"

马云淡定回应道："我先告诉所有像王总这样的传统零售一个好消息，电商不可能完全取代零售行业。同时也有一个坏消息，它会基本取代你们。"

王健林一听，当然不服气，他反击道："2022 年，10 年后的中国零售市场，如果电商在整个大零售市场份额占 50%，我给他一个亿。如果没到，他给我一个亿。"

王健林"一个亿"的小目标就这么先用在了和马云的"打赌"上。

其实这就是一个关于"2022年电商占比整个零售界多少份额"的赌局。

当时，所有人都为王健林捏了一把汗，以为他这局输定了，因为2012年正是互联网电商风生水起的一年。

根据商务部的统计数据，2012年我国线上零售交易额超过1.3万亿元，占2012年社会消费品零售总额的6.3%，国内连锁百强流通企业中已有62家开展网络零售业务。

这是中国的电子商务在发展了仅仅13年后交出的成绩单。

当时，商务部用"电子商务发展迅速"来形容这个互联网新兴产业。

那么，接下来电商的发展情况如何呢？来看几组数据：

2013年，线上零售交易份额占社会消费品零售总额的7.8%；

2014年，线上零售交易份额占比为10.6%；

2015年，线上零售交易份额占比为13.3%。[①]

时间很快来到了2016年。

这一年，距离马云和王健林打赌的时间刚刚过去了3年，离结束还有不到6年。原本大家以为会一路高歌猛进的电商却已经慢慢放缓了增长速度，根据商务部公布的数据显示，2016年线上零售额占社会消费品零售总额的15.6%。

如果以这个增长速度发展下去，到2022年，线上零售在整个大零售市场占的份额连30%都不到，马云就要输给王健林了。

但是，谁都想不到，马云在2016年10月13日这天，提出了"新零售"的概念。

---

① 数据来源：商务部历年零售行业发展报告。

一夜之间，人人谈论新零售。

那么什么是新零售？

二、新零售是什么

雷军说，新零售是指通过线上线下互动融合的运营方式，将电商的经验和优势发挥到实体零售中，改善购物体验，提升流通效率，将质高价优、货真价实的产品卖到消费者手里，以此实现消费升级的创新零售模式。

刘强东把自己的新零售战略，称为"无界零售"。他说，无界零售的核心，从后端来讲，就是供应链一体化，把供应链和产品、库存、货物全部升级成一个系统，减少品牌商的操作难度；而从前端来讲，无界零售的核心就是满足消费者随时随地的消费需求。

那么被这么多商业大佬们频频提及的"新零售"到底是什么呢？

我们先来看看零售行业是怎么发展的。

一开始，在"物物交换"的古代社会，因为需求产生了交换，从而形成了集市；

到了 19 世纪，随着铁路的出现，铁路货运代理商西尔斯利用这个新技术开始了"邮购"零售模式；

20 世纪，兴起的汽车比铁路更加方便快捷，沃尔玛顺势崛起，发明了连锁商店、超级市场；

进入 21 世纪后，互联网技术的进步又推动了电子商务的发展，淘宝、天猫、京东这些平台也就应运而生了。

在这个过程中，我们不难发现，每一次零售行业的改变，都伴随着技术的变革，每一次的变革都使零售变得更有效率。

沃尔玛连锁超市为什么会取代西尔斯大型百货商店？就是因为汽车的发明，它比原先的铁路更加方便、快捷、省钱，总的来说就是更加有效率。

而电子商务为什么会冲击实体店？也是因为它利用互联网技术手段，做到足不出户、一键到达的购物效率。

所以说，各位商界大佬虽然都提出了自己对于"新零售"概念的理解，但万变不离其宗，都在表达一个意思，那就是"新零售是更高效率的零售"。

最后，我们回到马云和王健林的赌局上，究竟谁能赢得最终胜利呢？

2015 年，在吴晓波的采访中，叶国富表达了对实体零售店的信心，他甚至放言："马云与王健林的赌局，我认为马云必败，如果实体零售输了，我愿替王健林出这个钱。"

离 2022 年还有一段时间，孰赢孰输，我们还不得而知。但有一点，我想每一个实体零售从业者都应该了解，一盘关于零售转型的大棋局已经开始下了，原有模式上的再升级决定着新模式的未来走向，我们应该学会洞察局势，从而提前布局。

三、商业巨头的零售转型

2017 年 6 月 1 日，素来有"互联网女皇"之称的华尔街证券分析师玛丽·米克尔（Mary Meeker）在美国 CODE 大会上发布了 2017 年的互联网趋势报告。

报告长达 300 多页，包含的信息和数据很多，是关于美国零售市场的调查。根据报告内容，2017 年美国线下零售店倒闭近万家，创下 20 年以来的历史最高纪录，其中不乏著名的大型百货。

但其中有一点格外引人注意，在实体零售店大规模"缩编"的同时，电商巨头们却纷纷"逆风飞行"，从电商走向实体，从线上转战线下。

以亚马逊为例，从 2015 年开始，亚马逊陆续在西雅图、圣迭戈和芝加哥等城市开设了实体书店，之后又拥有了全食超市、全时便利店、Amazon Go 等各种线下实体店。

电商巨头转战线下的这种情况与中国商业市场正在发生的事情非常相似。

紧随亚马逊开实体店的脚步，2016 年，中国图书线上销售巨头当当网在长沙开设第一家实体书店，截至 2017 年，书店数量激增至 140 多家。

2017 年，小米老大雷军计划扩招线下零售业务员，并称在未来三年时间里将开 1000 家线下体验店。

从无人超市到盒马鲜生，再到天猫小店，电商巨头阿里巴巴更是加快了对实体店的布局。

继阿里巴巴把便利店打造成天猫小店后，2017 年 4 月，京东 CEO 刘强东通过个人账号对外宣布了"百万京东便利店计划"，称在未来 5 年内，要在全国开设超过 100 万家便利店。

京东和阿里巴巴的新零售之争可谓你追我赶。此前，马云提"新零售"，刘强东就提"无界零售"。之后，阿里巴巴开"盒马鲜生"，京东就开"7Fresh"（线下生鲜超市）。

很多人不明白，电商当初打败了实体店，为何现在又开起了实体店？电商发展的势头很猛，但是也很快就趋向了饱和，在这种情况下，电商巨头开辟线下实体店市场是经过精细的市场调研而制定的战略。

现在，互联网巨头们都已经拥有了大量的用户、技术和资本，但更重要的是，交易场景的多样化，促使他们进军线下市场。而对于实体店来说，这也是引流升级的最佳方式。

电商巨头的线下之争，其实预示了在新零售的浪潮下，实体零售店未来的生态发展。

1. 实体店赋能战：天猫小店

在这一小节中，我将单独把阿里巴巴的天猫小店拿出来分析。为什么不列举盒马鲜生呢？

因为阿里巴巴"顶层设计"造就了盒马鲜生，它属于"平地起高楼"的类型，而天猫小店则完全是"旧城改造"般的存在。

所以天猫小店的零售转型之路更符合其他实体店未来努力的方向，直白地说就是对我们珠宝行业乃至其他各行各业的实体门店都更具有借鉴意义。

2017 年，阿里巴巴宣布，将透过加盟品牌授权方式，帮助传统店铺通过阿里巴巴零售通平台升级。

阿里巴巴一言既出，便迅速落实到行动上。2017 年 8 月 28 日，第一家天猫小店在杭州正式运营，名叫"天猫维军超市"。

"天猫维军超市"原先就叫维军超市，与我们印象中的传统小卖部一样，包括商业模式，也是传统小卖部"坐商"的做法：层层批发，有什么进什么，卖不出去就内部消耗，对货源和库存的控制没有任何概念，连记账都是手写模式。

2009 年，维军超市开在浙江大学附近，靠着地理位置的优势，小卖部经营得还算有声有色。

但是黄金地段总是不缺乏竞争者，很快，维军超市迎来了第一波竞争：周边开起了其他的小卖部，分走了客流量。

没过多久，第二波竞争到来，全家、罗森等国际便利店巨头也开始进驻附近商圈，更便宜的价格和更多种类的产品分走了更多的客流量。

而竞争越激烈，经营成本就越高，像维军超市这样的小卖部毫无竞争优势可言。就在它即将面临倒闭的时候，2016 年，天猫零售通将维军超市从生死存亡一线救了回来。

2016 年 8 月，维军超市入驻了零售通平台，这是阿里巴巴零售通事业部针对像维军超市这样的社区零售小店，推出的一站式进货平台，依托阿里巴巴的业务资源。

零售通对维军超市最重要的改变在于数据赋能，对小店进行了数据化升级。超市除在零售通上完成订货、物流、数据查询等操作外，还依托阿里巴巴商业生态掌握的海量数据。零售通消费大数据平台还可以通过对维军超市周围 500 米范围内的人群消费行为进行分析计算，计算出最适合店铺的货品，这成为小店获得市场竞争优势的关键。

据天猫维军超市店主自己计算，超市完成改造后，店铺的经营数据整体提升十分明显，销售额环比提升了 45%，客流量环比提升了 26%，全年毛利增加了 40 万元。

这对一家传统的零售小店而言，是质的飞跃！

阿里巴巴集团副总裁、零售通事业部总经理林小海这样评价零售通的作用：

"通过阿里巴巴的大数据，比小店的老板更了解小店，给小店老板提供最便宜、最简单、最有效的智能设备，帮助小店老板更好地做品类规划、采购，安排店内的陈列，提供更好的客户服务，更好地了解自己的业务。"

实体小店对用户的所有销售服务，都不再是一个终点，而是用户洞察的起点。

而对天猫本身，好处也显而易见。每一个小店都对应一个社区，社区意味着巨大的线下流量，天猫通过互联网平台为小店赋能的同时，也通过小店这个流量入口，吸收了大量的流量，归根结底还是开拓自己的零售渠道。

可以说，阿里巴巴的"新零售"战略让线上线下双赢。所以很快，在诞生了阿里巴巴等互联网企业的杭州市，天猫小店发展迅速。

2. 银泰百货更名背后的玄机

2013 年 3 月 20 日，银泰集团董事长沈国军通过电视电话会议，在香港宣布："银泰百货（集团）有限公司"正式更名为"银泰商业（集团）有限公司"。更名后的银泰商业集团旗下有三大主要业务：银泰百货、银泰购物中心以及银泰网（电子商务）。

2014 年，出于对零售业数字化以及零售产业终局的一致判断，阿里巴巴以 53.7 亿元港币对银泰进行战略投资。在北京中心，银泰集团掌门人沈国军和阿里巴巴集团 CEO 张勇一同公开宣布这一消息。

十几年间，银泰从百货发展至"百货＋购物中心＋电子商务"的"新银泰"模式，而和阿里巴巴联手之后，银泰开始重构整个商业场景的数字化。

2013 年一个看似简单的更名，其背后却酝酿着一个公司对于行业发展的预判以及自身发展的战略转型。

现在再回顾 5 年前在北京银泰中心的那场新闻发布会，我们仍然可以嗅出不少关于零售变革的信息。

在当时的新闻发布会上，阿里巴巴集团 CEO 张勇在谈到为何与银泰联手时，抛出了阿里巴巴对零售的核心认知：零售最终端服务的是看得见摸得到的人，而不是机器，而银泰拥有全国众多布点的实体百货，可以为阿里巴巴 O2O 做最好的落地。

同时，阿里系和银泰系首次提到了"消费者社区"和"行业互联网"的概念，虽然在当时只是一个模糊的想法，但是建立平台、打通行业、用互联网和大数据为实体赋能的商业想法已初现端倪，阿里巴巴和银泰商业当时将这种设想中的新商业模式称呼为"小怪物"。

2015 年 6 月 30 日，阿里巴巴集团 CEO 张勇首次以银泰商业董事会主席兼战略发展委员会主席的身份在媒体前亮相，并称银泰商业将与阿里巴巴全面融合，进一步打通线上线下，将大数据转变为精准营销和吸引客流消费的"利器"；而银泰商业也将从思维模式及业务形态等各个领域全面进入"新银泰互联网 +"时代，完成互联网基因重组改造的划时代新零售形态。

在那次的发布会中，阿里巴巴和银泰对"电商与实体店"两者的结合有了更清晰的目标和战略方针，其中有些战略已经实现，而另外一些也正在变为现实。

2016 年 10 月，马云在云栖大会上初谈"新零售"，覆盖实体店、电商、移动端和社交媒体的新零售体系的出现，似乎成为解决零售业发展瓶颈的最优方案。

阿里巴巴集团 CEO 张勇将阿里巴巴和银泰比作空军和陆军，在实体经济和数字经济融合时代，阿里巴巴对银泰商业的定位，就是进行零售商业线上线下融合创新的平台，担负完成线上线下零售百货转型升级的使命。

2017年5月，银泰商业的数据系统和阿里巴巴数据库正式打通。这意味着消费者的交互方式由原来的单向变成双向，以及商品数字化。

具体而言变化在三点：

（1）运营客户方式发生改变。

阿里巴巴积累了超过6亿的消费者信息，知道他们的消费能力以及消费偏好，通过互联网和实体店结合，实体店可以将顾客的大数据转变为精准营销，构建用户画像，让银泰从"坐商"变成"行商"。银泰则从"人、货、场"中的"人"切入，完成了数字化会员累积，使得对这些客户可触达、可识别、可运营。对于实体店而言，最大的问题就是被电商分流了，然而银泰此举相当于借力于电商，为实体店带来巨大的客流。

（2）帮助实体零售更好地运营货品。

商品数字化后，百货零售商们可以通过数据对消费者进行分层管理，给不同的消费群体推荐相应的商品，做到人、货之间的个性化匹配，达到人、货、场的完美结合。银泰通过对人、货的洞察，提升了整体经营效率。

（3）商业场景的数字化重构。

银泰最终要完成的，是对整个商业场景的数字化重构。

举个例子，如果一个顾客在珠宝店买了珠宝就走，我们永远都不知道顾客喜欢什么，消费能力如何，但是借助数字化，商家可以分析原因，什么样的款式、价格更符合顾客的要求。针对这些情况，商家可以提供更个性化、更有针对性的服务。

也就是说，银泰商业通过数据和互联网技术，解决了零售系统中最根本的效率问题，这也就是新零售的核心所在。

而对于阿里巴巴而言，只要有平台，就能积累大数据，但其缺乏的是线下资源，因此与银泰等实体业合作，在获得线下资源后就能实现各种获利。

2017 年，银泰商业完成私有化，阿里巴巴占股 73%；2018 年，这一数字上升到了 98%。

一个是国内电商行业的领军者，一个是百货业态的排头兵，两者从线上线下的竞争对手变成强强联手的合作者，这绝不是简单的"联姻"，其背后更多的应该是"英雄所见略同"：对零售行业未来发展的预判。

我们也可以清晰地看到，这种对行业正确预判带来的结果：截至 2018 年 9 月，银泰扩张到全国 62 家门店，商品数字化程度达到 58%。数字化转型带来了销售额的大幅度提升，银泰销售额增长 18%，为 10 年来最高增幅。

第二节 "实体店＋互联网"：智慧零售战场

> 智慧零售孕育发展的背景是行业发展遇到瓶颈，效益降速，其核心动力依然是利润，是企业对市场增量利益的寻找和挖掘。
>
> ——汪朝林

一、实体店：无可替代的体验感

为什么互联网购物如此发达，但是实体消费仍遥遥领先？

相对于传统零售，互联网电商是提升效率的典范，但是传统的电商从诞生之日起就存在着一个难以补平的明显短板——缺乏摸得着、看得见的体验感。

互联网造就了"宅"文化，但这不可能成为主流。人们真正的满足感和幸福感都是与真实世界的交互体验。

相对于电商而言，实体店才是我们真正的现实生活。

试想一下，如果我们一辈子不能进实体店，只能在网上购物是什么样的感觉？害怕、焦虑。人做不到一辈子不进实体店，有人的地方就一定有店铺。人是社交动物，需要交流、沟通，而实体店给我们提供了这样的条件。逛街，也不仅仅是一种购物方式，它满足消费者休闲娱乐的需求。

例如，几个朋友相约吃饭看电影，往往不只是为了吃一顿饭，更重要的是这个过程，可以聊聊生活。

在城市消费升级的背景下，人们的消费行为已不单单是为了满足基本的物质需求，也越来越注重商品以外的服务体验，以及商品背后所传递的意义、情感、文化和价值观。万达就将自己的购物中心定义为社交生活中心。

1999 年，美国经济学家 B. 约瑟夫·派恩和詹姆斯·H. 吉尔摩出版了一本名为《体验经济》的书，书中写道："企业以服务为舞台，以商品为道具，以顾客为中心，创造能够使顾客参与、值得顾客回忆的活动。在顾客参与的过程中，记忆长久地留住了对过程的体验。如果体验美好、非我莫属、不可复制、不可转让，顾客就愿意为体验付费。"

这就是实体店的优势所在。

实体店相对于电商，它所给予顾客的体验感主要来自三个方面：人、货、场。

1. 人：面对面交往更可靠

在销售中，有一条经验非常重要，就是不管怎么样，都要争取到和顾客面对面的机会。

做过生意的人也都知道，面对面交流更容易促成合作，因为这种沟通方式是即时的、有效的和亲近的。

情感交流是人们社会需求的一种表现方式。自互联网诞生以来，人与机器的交流变多，而机器是没有感情的，随着消费升级，我们不再以简单地拿到商品为满足，情感互动也成为消费过程中的考量因素之一。

与此同时，随着生活方式的改变，越来越多的人开始把线下购物平台当作社交平台来使用。

当我们在网上购物时，免不了需要咨询店里的客服，但是在交流时，通过冷冰冰的屏幕，人们甚至不知道在网络的另一端，和自己交流的是人还是机器，而且在更多时候，人们往往无法得到快速而有效的回应。

淘宝"双 11"狂欢节，相信很多人都经历过，不少网店因此爆满，无法及时且有效地回应客户的咨询需求，如此一来，无法面对面交流的陌生感和距离感就造成可信度直线降低。

而线下消费过程以及消费过程中的面对面互动，正是人与店铺产生情感连接的重要环节，当我们面对一个活生生的笑容满面的服务人员时，我们所产生的心理体验好感和信任感肯定多于我们面对冷冰冰的电子屏幕时的好感和信任感。

一旦顾客与店铺彼此信任，把顾客变为熟客就变得非常容易。

所以实体店更容易形成忠实客户群。一般而言，电商客户的忠诚度相对实体店客户要低很多。顾客在网络上可以不断搜索更便宜的商品，因为大家的服务水平差不多，只要价格更低，这些客户往往就会流失。

在实体店的顾客体验节点中，因为店铺的员工与顾客频繁接触，或者实体店的活动氛围给顾客留下良好的印象，信任感和亲近感就会在顾客心中形成，继而成为连接顾客和店铺的关键纽带。

迪士尼就是很好的例子。2014 年迪士尼首先在美国加州华特迪士尼世界度假区推出了一款魔幻手环，每位游客都可以用魔幻手环一键办理酒店入住、自由出入园区、在园区内消费购物等，在为游客摆脱烦琐程序的同时，魔幻手环会储存每一个游客的资料，并在游玩的过程中，将游客资料发送给园区内正在与游客互动的卡通人物。

迪士尼的卡通人物可以第一时间知晓游客的姓名、生日，如果你是游客，当你碰到米老鼠，他喊出了你的名字，对你来说是不是非常惊喜而且亲近？迪士尼用一个魔幻手环就实现了与消费者的情感互动。

即使有名如迪士尼，也依旧在与顾客面对面的交互中不断强化这种人与人的社交，构建情感连接。

2. 货：看得见摸得着才放心

经常网购的人，一定遭遇过买家秀和卖家秀的困扰。在网络上，在买家秀和卖家秀的帖子下，总是能够得到上万网友的认同，这俨然已经成为互联网的一个现象。

服装剪裁是否得体，需要试穿才知道；面料是否舒适，要摸一摸才放心。人们对于真实的判断往往来自真实的触感，所谓"眼见为实"。

尤其金银珠宝这类高端消费品，大额的钱货交易往往更需要一个信得过的场所。在实体店，当我们购买一条项链时，可以当场验货试货，可以通过感官与实物的接触来判断项链的质量和价值，至少对自己花的钱到底值不值有个底，而且在"跑得了和尚跑不了庙"的心理作用下，我们也偏向于相信在实体店进行交易更具有可靠性。

而在网上购物，我们面对的只有一个网页，消费者只能看到商家修饰过的图片，没法确定商品的真实性，自然无法明确购买意愿。而一旦购买之后发现不合适或者有瑕疵，烦琐的退换货环节也会让大多数人望而却步。

在这个时候，电商的优势仅仅在于价格便宜，所以不少消费者采取了"线下试穿，线上购买"的购物策略。但是对于一些品牌店而言，为了维持品牌形象，线上线下的价格相差无几，何况网购还需要花一段时间等待货物到达，而线下只要满意，交易即可达成，那么消费者更无需在线上消费。

2016年，阿里巴巴推出了一种全新的购物方式"Buy+"，使用VR（虚拟现实）技术，利用计算机图形系统和辅助传感器，生成可交互的三维购物环境，宣传口号是"让用户足不出户体验购物的快乐"，但事实真是如此吗？

对于网购用户来说，Buy+算是多了一个比较趣味化的选择，但不能算是一个便捷的选择。它不仅需要用户佩戴头盔，而且在Buy+里看到的产品信息仍是文字和图片展示，从这一点上看，与传统的网购相比，并没有太多的优势。

2018年，淘宝造物节时，阿里巴巴在西湖边上搭了一间名叫"阿里买啊"的MR体验馆。体验馆是一间300平方米的固定房间，里面有现实可触碰的商品。用户戴上眼镜，就可以实现点击、加入购物车等操作。MR体验馆的使用体验比Buy+更真实，但也是依托了现实场馆来落地。

无论虚拟技术如何更新，无论电商把自己的网页设计得多么精美，都不及线下实体店的一次亲身试验更具有说服力。

在这个大趋势下，很多电商也被倒逼着从线上走到线下，开设实体店为消费者提供一个体验的场所，弥补自己的短板。

女装电商品牌"茵曼"为了获得更高的销量，就在线下开了实体体验店。

2011年，"茵曼"夺得了"双11"天猫女装销售冠军。然而，到了2015年，"茵曼"宣布开始布局线下体验店。因为根据"茵曼"的数据调查，发现即使电商的客户服务做得再好，也会有15%左右的退货率，不是质量问题，而是尺码不合适、颜色有差异，或者身材差异、视觉效果差异等原因。

而在线下开了体验店之后，"茵曼"极大地解决了顾客网络购物的痛点，最明显的连锁反应就是退货率下降了，意外收获是顾客的转化率得到了明显提高。以茵曼上海的体验店为例，其试穿成交达到了65%的转化率，而在网上即便是"双11"期间，也仅有6%的转化率。

3. 场：消费升级一站式体验中心

随着时代的发展，90后、95后、00后已经成为零售行业消费的主力军，与60后、70后以及80后"便不便宜、适不适合"的消费观不同的是，新的消费主力军更在乎"好不好玩"的感官享受。

以往单一的营销模式已经无法满足这类消费群体的需求，他们见多识广、随意性强，打造场景化、多元化的消费场景显得尤为重要。

现在，不少购物中心都已经从单一的卖货场成功进阶到集"餐饮、休闲、娱乐"于一身的一站式体验中心。

我们身边的很多年轻人，逛完街就要吃饭，吃完饭就看电影，商场里不仅要有餐厅，还要有电影院、美容院、咖啡馆、服装店，而这些都是实体店。

有数据显示，90后、95后有90%以上的消费都是在实体店完成的。

万达集团董事长王健林在出席苏宁智慧零售大开发战略暨合作伙伴签约大会时曾说：

"在实物场景中才能深刻体会到体验式消费，这是互联网永远无法替代的。十几年前，我在杭州发表演讲时，讲的内容就是关于商业中心如何建设。我当时就说，商业中心就是给消费者提供参与场景。我们让吃饭的人过来，顺便提供其他消费，所以从一开始，商业中心就开了很多餐饮店。过去的商业中心是吃出来的，现在还要再加一句，'商业中心是玩儿出来的'。"

不仅是购物中心，不少实体门店也在尝试做出多种消费场景融合。2014年，纽约的优衣库旗舰店就在实体店内引入了星巴克咖啡，同时在店内摆放沙发、桌椅和平板电脑供消费者使用。

以宜家为例，宜家家居展现在我们面前的，不是排列整齐的商品，而是一种"生活方式"。我们去逛宜家，会发现从儿童到老人，各个年龄层的人都有，商品用一种生活化的方式布局，让顾客产生了一种身处家里的温馨感觉。单一的产品不一定能引起顾客的兴趣，而当这些产品组合起来时，构建的场景就会激发顾客的购买欲望。

让消费者具有良好的购物体验是近年来零售创新的重要吸引力，也是新业态和新模式的主要卖点。消费的升级，也是反哺零售更新升级的动力之一，而这一切都是只有一个互联网平台的电商做不到的。

二、互联网：将效率变革到底

传统的实体门店有电商无法满足的体验感，但依旧存在各种限制条件，导致不是每一次交易都能给顾客留下美好的体验。比如因为缺货，从而无法第一时间满足顾客的需求；因为不能处理和留住顾客信息，做成的都是一锤子买卖；没有数据统计货物的成交率，计算顾客的喜好，导致无法准确进货，货物堆积、同质化，最后积压在商家自己手里；等等。

而这些问题，最终指向的都是效率的问题。

美团刚成立的时候，创始人王兴在接受媒体采访时曾说，互联网不是一个行业，而是一个工具，从互联网到移动互联网，这个工具的主要功能就是降低成本、提高效率。

互联网可以第一时间对信息做有效的处理，找到顾客的需求点，并快速解决问题，让我们的购物更加快捷。

现在为什么人人都在用支付宝、微信钱包付钱？就是因为快。有谁能想到，一个二维码就改变了支付渠道。这就是移动互联网带来的便捷，它改变了我们的生活方式，不用再携带钱包，不用再为找零而烦恼。

正如雷军所说，我们要从线上回到线下，但不是原路返回，而是要用互联网的工具和方法，提升传统零售的效率，实现融合。

1. 挖掘数据：从经营产品到经营用户

在传统的工业化营销时代，企业的经营逻辑是经营产品，本质是生产产品然后再去销售，企业是工厂的代理，为了"代理"这个产品，往往是把一个产品卖给所有用户。对用户来说，这是一个"人找货"的关系。

而经营用户，本质是围绕用户去找产品，企业是用户的代理。为了"代理"这群用户，企业往往是围绕一个用户群提供整个体系的各种产品。对用户来说，往往是一个"货找人"的关系。

过去是企业生产什么，用户就买什么；而现在正逐渐变成用户想要什么，企业就去制作什么。

阿里巴巴前 CEO 卫哲曾提出互联网时代的经济公式是"$E=MC^2$"，即"经济 = 商品 × 人^2"，在这个公式中，人处于关键位置，企业经营的中心是人。

所以随着互联网社交属性的崛起，媒介的传播方式发生变化，传统的营销方式也必然需要发生改变。从经营产品到经营用户，这个改变，需要建立在互联网的数据分析基础上，只有了解人，才能经营人。

大数据是个非常好的东西，既能反映消费者的消费轨迹，也能预测他们的消费行为趋势。有人可能会质疑，数据真的有这么神吗？

目前，大部分行业信息化、数据化、网络化的程度还非常低。我们都知道，过去传统的工业模式是先做货再卖货或者先进货再卖货，没有数据预测和监控，更没有前期对客户的调研分析，导致出现了商品同质化严重、千篇一律、库存积压严重等情况。

现在很多实体店不仅不了解数据的概念，也不具备数据化的条件。比如，我们传统的珠宝实体店，虽然部分珠宝店有数据意识，知道要存储客户的资料，把它们变成自己的一个客户资源，但是没有互联数据的思维。这些店铺存储客户资料的方式是什么呢？

Excel 表格！这种单一的信息存储方式在大数据时代有用吗？

而且 Excel 表格只是简单的格子，记录的都是客户的名字、生日、电话号码等一些非常单调的信息。

哪天珠宝店做活动，难道叫店员对着 Excel 表格一个一个地去打电话吗？这种效率和效果可想而知。

传统的 Excel 表格对顾客买过什么产品、多久来一次店里、消费能力怎么样等完全无法进行有效的收集，因此也不能对顾客做后期的维护，因为你完全不知道顾客的喜好是什么。

对于商家而言，数据化之后获益的表现集中在三个方面：建立客户的忠诚度、获得新增用户、改变企业营销模式。

我们逐一介绍大数据在这三方面的应用。

（1）建立客户的忠诚度。

利用先进的数据统计方法，商家可以通过对顾客信息的分析，预测他们未来的购买行为，然后进一步设计营销活动和购买服务。

淘宝就是一个非常好的案例。有网购经验的朋友会发现，如果在淘宝上买过或者搜索过某件物品，下一次再打开淘宝时，界面上就会出现之前搜索过的相关物品或者类似物品。比如女生比较喜欢买衣服，她在淘宝上搜了一条裙子，下次再打开，就会在页面上看到淘宝推荐的一些裙子的信息。

这就是淘宝从顾客的购买行为中获得了信息，并且将这些行为信息都记录了下来，只要给顾客推荐的内容有用，顾客买得开心，淘宝在赚得开心之余，还获得了顾客的信任，让客户产生了更多依赖感。

（2）获得新增用户。

企业不仅可以通过数据留住客户，还可以通过数据挖掘新客户。互联网社交对于现在的互联网一代而言，是非常常见的社交方式，而对于商家而言，通过互联网社交寻找新用户，无疑打开了一扇新大门，这比干坐在店里等新客上门靠谱多了。

我们先来讲一个场景。我们都知道微信是现在最大的社交平台之一，假如一家珠宝店通过某次活动，在微信服务号上添加了一位用户，但是还没有把这个用户变成自己的客户。如果这位潜在客户即将结婚，就在她结婚前的婚礼筹备期间，通过服务号的在线客服询问关于定制婚戒的事宜。珠宝店立马反应，根据顾客平时的喜好给她推荐了几款婚戒，如果你是这个顾客，是不是对这家店的好感度会上升，并且会留意这家店推荐的婚戒？

现在诸如微信之类的流量平台都已经开通了朋友圈小广告，也是通过对社交网络信息的挖掘，将广告信息定向推送给最有可能购买的用户。

这样的方式有效地提高了顾客的转化率，如果不了解一个客户，就无法对客户推荐产品，盲目的推销甚至会引起客户的反感，而有了数据分析之后，减少了商家和客户之间的沟通成本，又是共赢的局面。

（3）改变企业营销模式。

全球知名咨询公司麦肯锡这样描述大数据："数据，已经渗透到当今每一个行业和业务职能领域，成为重要的生产因素。人们对于海量数据的挖掘和运用，预示着新一波生产率增长和消费者盈余浪潮的到来。"

在这样一个互联网大数据时代，对于企业来说，应用大数据的目的是通过数据融合，实现新的业务洞察的变革。

这方面最有名的案例就要数沃尔玛的"啤酒与尿布"了。故事是这样的：

沃尔玛超市管理人员分析销售数据时，发现了一个令人十分难以理解的商业现象：在日常的生活中，"啤酒"与"尿布"这两件商品看上去风马牛不相及，但是经常会一起出现在消费者的同一个购物篮中。

这个独特的销售现象引起了沃尔玛管理人员的关注。经过一系列的调查后，他们发现"啤酒＋尿布"的现象往往发生在年轻的父亲身上。

年轻的父亲在购买尿布的同时，往往会顺便为自己购买一些啤酒。如果某个年轻的父亲在某超级市场只能购买到一件商品——尿布或者啤酒，就有可能会放弃在该超市购物而到另一家购买，直到可以一次买到啤酒和尿布两件商品为止。

沃尔玛的管理人员发现该现象后，立即把啤酒与尿布摆放在相同的区域，让消费者可以较快地完成购物。这样一个小小的陈列细节让沃尔玛获得了令人满意的商品销售收入。

在珠宝行业，这样的数据应用也可以实现。举个例子，比如我们推送优惠券或者其他优惠产品，就可以在用数据分析了客户的消费能力和习惯后，定向地推送给不同客户以不同的优惠。

我们利用互联网技术时，可以通过与供应链整合更好地把商品"买进来"，然后通过数字化识别客户将商品和服务更准确地"卖出去"。传统的百货销售模式让我们不知道顾客是谁，现在，数字化识别可以让我们熟知自己的客户。

2. 打破边界：网尽一切

管理大师彼得·德鲁克说："互联网消除了距离，这是它最大的影响。"

互联网这个名字已经说明了一切，就是交互、连接和裂变，让一切交易不再受时间、空间限制。

（1）时空优势。

打破时间、空间限制，利用碎片化时间营销。传统的实体店是以固定不变的店铺和固定不变的营业时间为特征的"坐商"销售。互联网是随网络体系的延伸而延伸，没有任何地理障碍，它的零售时间是由消费者即网上用户自己决定的。

互联网利用技术优势尽最大可能将人与人、人与物连接起来，并且实现了企业与人的双向交流，而且都是实时的。

这就意味着，用户可以通过互联网随时随地触达他想要的产品，而企业也可以随时随地与客户沟通。

举个例子，一般来说，实体店的营业时间与很多人的大部分上班时间是重合的，而且很多用户上了一天班之后，可以说几乎没有时间和精力逛街。但是周一到周五，实体门店并不会因人少而关门，毕竟开不开门租金都是不变的，即便很多时候并没有多少客户。而到了周末，难得上门的客户又被其他同类型的店铺分流。

现在社会的快节奏让消费者拥有了更多的碎片时间，碎片时间就是指用户在日常工作学习之余的零碎时间，很多人会利用这些碎片时间来浏览朋友圈、上网购物，互联网就为这些用户与我们店铺产品的接触提供了更多的机会与便利。

（2）速度优势。

互联网的一个特点就是快，只要用户输入关键词，和这个关键词有关的商品就会出现在用户面前，用户不用再花费大量的时间去线下货比三家，就可获得自己想要的丰富信息。而商家也可以将许多商品提前编辑，在网络平台提供给顾客浏览，免去了用户和商家之间许多不必要的沟通，从而更有针对性地服务用户，提高了获取信息的效率。

（3）成本优势。

与实体店相比，互联网重新定义了传统的流通模式，减少了中间环节，使得生产者和消费者的直接交易成为可能，从而在一定程度上改变了整个社会经济运行的方式，比如降低流通成本、交易成本和管理成本，并加快了信息流动的速度。事实上，任何制造商都可以到网上充当零售业中商品的提供者，以极低的价格向消费者提供商品，而线下传统商店所需要的商品库存费用则越来越高。以后珠宝实体店都要发展在线个性化定制服务，减低门店的实物库存，尤其是高价商品的库存，提高资金的使用效率和回报率。

（4）无边界优势。

在传统零售行业，企业与企业、企业与用户、用户与物品之间是存在边界和距离的，导致的问题是企业和员工、用户、合作方存在信息不对称。而互联网开放、连接的特点，可以突破这种边界，零距离和网络化让企业和各方都能双向沟通，构成合作共赢的生态圈。

比如，企业和用户之间。过去企业和用户之间的信息不对称，企业千方百计想要让用户了解产品、购买产品，最好的手段是广告和宣传。而现在用户可以通过互联网知道全世界的信息，也可以通过网络发出自己的声音，提出自己的意见。过去企业未必知道用户的想法，现在用户和企业可以实时对话。

再如，企业和员工之间。过去是企业管理员工，员工必须按照企业的指令来做，但现在员工知道客户需求的速度比管理者还快，一线员工可以通过在线客服第一时间知道用户的需求，但管理层未必知道，传统的上传下达或者层层汇报审批的制度并不完全适用，一线员工也需要拥有一定的自主权，企业的体制也会因此做出更高效的改革。

而企业和供应商之间，过去也是控制关系，供应商通过竞标给企业供货，企业要的价格是最低的。企业要想多进货，就得多花钱。以后供应商是以零售商的实时库存方式出现，供应商公司名称不出现在消费者面前，只出现供应产品的详细信息。用户的选择更加多样化、便捷化，成交更容易。

互联网就如同一张网，将企业、员工、用户、供应商都放在了一个生态圈内，只有快速交流和共享才能共赢。企业是这个网的中心和枢纽，其他人是这个网的一部分。

三、线上线下两条腿走路

在移动互联网时代，实体店对连接线上渠道有迫切的需求，电商对转战线下市场也有极大的诉求。若一味固守原本的传统销售方式，不管是实体店还是电商都会变得被动，无法在市场竞争中掌握自己的主动权，线上和线下必须融合才能在零售的变革中找到生机，实现以顾客为中心组织经营、以信息为中心管理商品、以效率为中心提供服务的智慧零售模式。

线上线下两条腿走路，已经是不可阻挡的趋势，而科技的进步已经为这两者的融合提供了无限可能。

很多成功的实体店都有一个特点：能够及时抓住互联网发展趋势，展翅高飞。

讲一个案例——良品铺子。良品铺子通过线上线下两条腿走路获得巨大成功，已经成为零售界的经典案例，相信大家可能在不少报道中都看到过。但好故事不怕多讲几遍，我还是想以这个案例为大家阐释

"实体店＋互联网"的重要性。

大家都知道良品铺子是开实体店起家的，但大家恐怕都不知道，良品铺子的老板虽然没有像马云一样提出新零售的概念，但是却早就在实际行动中实施了零售转型战略。

良品铺子于2006年在武汉成立并开店，那时候还没有电商，实体店的销量也一般。2012年，良品铺子入驻天猫，那时，电商还是个新兴产业，势头强劲，良品铺子占了电商时代的红利，销量一下子就上去了。

良品铺子在创立之初就有个很伟大的想法，想做一个让客户都喜欢的商业品牌，就是把好零食放到每个顾客的家门口，这就意味着要在全国开上千家实体店。

当时电商发展迅速，对线下门店产生了一定的冲击。

这个时候，良品铺子的内部开始有了不一样的声音：电商业务发展喜人，实体店还有开的必要吗？更何况开遍全国，这个投资风险是不是很大？

即使有风险，良品铺子的投资人还是决定线上线下两条腿走路。虽然线下单笔利润小，但是客流市场仍然非常巨大。实体店在线下扩大顾客对商品、品牌的认知，吸引线下客流；另外通过线上的渠道，发展线上流量和影响力。

从良品铺子近几年的营业数据来看，在这种线上线下双管齐下的形式下，良品铺子的销量有增无减，线下实体店对整体销量甚至起到了促进作用。良品铺子提早几年实现了转型，走得比任何一家企业都快！

线上线下融合就是用新的角度、新的思维去连接之前沉寂在线下的、没有在运营体系内形成映射的客户。

当时良品铺子的投资人提出的理念，让我始终觉得这位投资人的眼光和格局都非常大，完全是站在企业长远的利益上做出的决定。

所谓"优者谋先动"，如今，要退回到过去没有互联网的年代已经是一件不可能的事情，未来竞争只会越来越激烈。行业的变革已不可避免，只有正视现实、认清形势才能找到应对方法。

过去线上与线下区分明显，电商对实体店造成强大的冲击，让很多实体店不得不关门停业。但随着新经济时代的到来，线上红利不足，发展阶段痕迹明显，实体店再次回归到消费者的视野中。线上线下强强融合，资源进行整合利用，对实体店来说有了枯木逢春的势态。

"实体店＋互联网"的智慧零售即将改变整个零售行业，企业如果能够以前瞻性的眼光，跑在市场前面，在竞争还不太激烈的时候入场，提前切入线上线下融合的赛道，就在移动互联网时代占据了先机，就赢得了下一个 10 年，甚至 20 年。

第三章

对接智慧零售：
实体店互联网发展的前提

如果说过去的零售行业是需求侧革命，那么现在以及未来就是供给侧革命。

过去，百货商店都选在城市的黄金地段，因为人流量大。后来购物中心出现，入驻品牌的知名度、多样化成为吸引客户的关键，客户在商场内获得的体验感成为消费的重要依据。

因此，由商家提供的消费体验在客户心中变得越来越重要，这样的体验包含多个方面：价格、支付手段、消费场景等。

实体店在工业经济时代建立起来的树状结构渠道，因为互联网的到来，以及数字技术的广泛应用，拥有了新变化的可能性。未来，互联网平台将帮助企业降低成本、提高效率、丰富交易场景，重构"人、货、场"三要素，但这一切的前提是实体店数字化和互联网化，最后变成智能化。

实现智慧零售革命，首先要完成实体店数字化的革命。

在被问及零售的数字化未来时，著名经济学家许小年教授直接表示"丑话说在前头"：再不用互联网数字化思维去经营商业，或者你的实体拒绝互联网时代的工具，时代会跟你说再见。

现在，需求侧（用户）的数字化逐渐完成了，但是在供给侧（供应链和企业）的数字化和互联网化才刚刚开始。零售行业每一点效率的提升，都是业绩的重要增长点。无论是从经营者效率出发，还是从用户体验考量，数字化都是必经之路，发力供给侧数字化和互联网化已经成为零售业的"新共识"。

怎么才能让实体店真正数字化和互联网化，甚至智能化呢？

其实无非就是需要拥有三点：互联网思维＋流量平台＋技术平台。

第一节 拥抱互联网思维

> 人人都有理性，但大多数人缺见识和格局。人往往将理性当能力，却不知道见识和格局是更高层次的能力。因为人相信自己的眼睛，不相信自己的眼光。一个人相信什么，他未来的人生就会靠近什么。从理性的眼见为实，到凡事质疑，到愿意再次相信，是眼光和格局。

一、什么是互联网思维

人人都知道互联网，但不一定都知道互联网思维。互联网带来了技术的革新、信息的爆炸、生活的便捷，但最重要的是思维的改变，这也是每一次社会进步的核心。

最早提出互联网思维的是百度公司创始人李彦宏。2011 年，李彦宏在百度联盟峰会上发表了演讲，题目是《中国互联网创业的三个新机会》，当时李彦宏说："我们这些企业家们今后要有互联网思维，可能你做的事情不是互联网，但你的思维方式要逐渐从互联网的角度去想问题。互联网产业最大的机会在于发挥自身的网络优势、技术优势等，去提升、改造线下的传统产业，改变原有的产业发展节奏，建立起新的游戏规则。今天看一个产业有没有潜力，就看它离互联网有多近。能够真正用互联网思维重构的企业，才可能真正赢得未来。"

后来又经过一些名人的传播，互联网思维成为一个大众名词。

那么究竟什么是互联网思维呢？

简单地说，互联网思维就是一种思考方式，是企业在移动互联网、大数据、云计算等科技不断发展的背景下，对自己企业的市场、用户、产品和企业价值链乃至整个商业生态重新审视的思考方式。

现在有很多关于互联网思维的文章和书，关于互联网思维的提法也有很多，这些就不一一列举了，我主要说说我的观点。我把互联网思维理解为下面七大思维：用户思维、流量思维、大数据思维、迭代思维、爆品思维、跨界思维、平台思维。

我们逐一分析一下。

1. 用户思维

用户思维是互联网思维中最核心的思维，因为这个时代下的商业核心，就是"以人为本"。

在互联网时代，信息爆炸，用户的注意力被分散，商家发布的信息很快就淹没在信息的海洋之中。物质资源相对丰富的现在，用户也有了更多的选择，曾经的物以稀为贵，现在已经变成了"以用户为贵"。

在互联网还没发展起来的时候，如果用户买东西有什么不好的体验，顶多投诉一下，或者跟亲朋好友抱怨一下，这种小范围的传播对商家而言也没有什么损失。但是互联网的普及，让信息传播的广度瞬间提升了几百个级别，信息流通更快，也更透明，天南海北的消费者都可以分享对同一家店的消费体验，相比于商家狂轰滥炸的广告，消费者更倾向于相信其他消费者的意见。消费者的购物体验就像全球范围内的新闻一样实时直播，如果体验很好，马上全球都知道了；体验不好，马上全球也都知道了。

时代在变，消费者也在变，如果珠宝店铺不懂得转型，运营方式还是老套路，那么消费者怎么会买单？与商家说再见只是时间长短的问题。这也迫使商家改变自己的营销方式，所以商家在各个环节都要从"以用户为中心"去思考。

在用户思维这一块，海底捞可以说是做到了极致。

我们常常说小米将经营用户做到了极致，但是雷军在乌镇"2014（第十三届）中国企业领袖年会"上做演讲时说，小米向海底捞学习，和用户做朋友，和用户互动，听用户的意见。

海底捞为什么这么火？难道海底捞的火锅是最好吃的吗？海底捞的火锅还不错，但是天底下好吃的火锅又何止海底捞一家？它能有这样的成就和发展空间，完全得益于它与众不同的客户服务模式。

顾客感冒了，送上姜茶；顾客生日了，送上蛋糕；顾客孤单了，送上陪伴……海底捞的用户服务只有你想不到，没有他们做不到。

现在，海底捞的服务已经成了互联网的一个现象，这背后其实就是用户思维的体现。

海底捞联合创始人施永宏就说过："我们是用一种用户思维来运营顾客和员工，每个店长都是运营经理，每个员工和顾客都是我们的用户，而每个用户都是我们的品牌。"

用户思维也带来了用户裂变的效果。在互联网时代，用户习惯分享，只要随手转发，就能轻松通过互联网分享店铺信息，等于免费地为商家打广告。这种信息裂变产生的结果是爆炸式的，通过不断地分享裂变，优秀的产品就有成为爆品的可能。

在互联网时代，用户是企业一切生产生活的原动力，企业用用户思维服务客户、赢得客户，客户反过来也会为企业宣传。互联网信息共享的广度是不可预估的，这对企业而言是成本最低的营销方式。

每个做珠宝零售的人，都应该清楚地意识到：你的对手永远不是同行，而是这个不断变化的时代，是消费者不断变化的需求。

2. 流量思维

流量的意义，我在之前的章节中已经提到很多了，那么为什么还要放在这里讲呢？因为很多企业家常常分不清用户思维和流量思维的区别，以为这两者是一样的。但其实流量思维是用户思维的前一步，流量思维是尽可能多地获取流量，直接表现为流量越多越好，在获得流量的基础上，再通过用户思维针对不同用户群体做个性化订制。

现在的时代是一个"酒香也怕巷子深"的时代，得流量者得天下，流量是一个企业长期发展的基础。

3. 大数据思维

大数据，又称巨量资料，指的是所涉及的数据资料规模巨大到无法在合理时间内通过人脑甚至主流软件工具达到撷取、处理、管理的目的，并整理成为帮助企业经营决策的资讯。

简单地说，大数据就是一种海量信息资产。

大数据技术的战略意义不在于掌握庞大的数据信息，而在于对这些含有意义的数据进行专业化处理，通过加工处理实现数据的"增值"，获取企业需要的相关信息，实现企业盈利。简单来说，数据即洞察，就是对用户行为进行预判，并根据这种预判为商家获利。

在前文，我们就提到过，企业利用数据分析可以达到了解消费者的消费习惯，从而改变企业营销策略，增加盈利的目的。

用户和流量非常重要，但如果没有数据挖掘，用户只是用户，流量也只是流量，一切还停留在表象。

现在越来越多的传统企业也在想方设法通过大数据助力业务发展和

企业管理。

以餐饮业为例，进货多少一直是很多餐馆的痛点，商家无法预知客户需求，在保证食材品质的情况下也无法控制成本。而美团基于海量数据，通过大数据帮助餐馆进行客源分析和订单预测，直接带来的好处就是：食材采购可预期，采购成本可控制。这是餐馆凭借传统经营模式的一己之力无论如何也做不到的。

对于传统企业而言，拥有大数据思维，建立数据挖掘平台和团队，无论是在成本控制上还是在业务响应机制上，对企业而言都是有利的。

利用大数据标签式掌握消费者，深度挖掘并智能触达他们的需求，实体店才能更加精准锁住消费对象，并以优质的服务满足他们。消费者满意了，店铺才能赚钱，这是不变的真理。

正如维克托·迈尔·舍恩伯格在《大数据时代》一书中所说，大数据已经成为一种重要的商业资本，可以创造新的经济利益和商业模式。

4. 迭代思维

迭代思维是移动互联网中应用最广泛的思维。以 App（手机应用程序）为例，现在我们每个人都有手机，手机都装了很多 App，每隔一段时间，这些 App 就要更新，很多更新都是基于用户在实际使用过程中的使用体验反馈。收集用户的反馈，然后更新，再反馈再更新，这样的过程就是迭代。经过几次迭代后，App 就会更符合用户的使用习惯，也更加完善。

没有一款产品一上市就是十全十美的，等商家研发出十全十美的产品再上市，市场已经被占领了。所以在迭代思维作用下，产品一经研发完成就会给用户使用，在用户使用过程中不断收集意见，不断试错，然后不断提升和创新。

所以迭代思维的核心就是快和创新。

首先是快。在互联网时代，企业不应该一味追求能够一次性满足客户的产品。因为用户和市场的需求是会不断变化的，而且互联网时代的产品更新速度都非常快，所以很多企业开发出的每一个产品的第一版都是简单的，并且是存在缺陷的，一个原因是竞争对手都在争分夺秒地推出同样的产品，谁先成功地推出产品谁就有更大的机会成为这一领域的龙头企业。

如果企业有一个好点子今天没有及时落实，可能明天就立马被淘汰了。

所谓天下武功唯快不破，"快"有时候就是一种力量。不断试错并迭代已经成为一种以高效率为前提的解决问题的方式。

其次是创新。每一次的迭代都是针对之前的缺陷做的修补，有创新才会有进步，才能给用户带来不断提升的体验。每一次迭代的创新都是以用户为中心，从细微之处做出的改变，但都能够抓住用户，让用户惊叹。

运用迭代思维的典范之一就是微信。

第一版微信发布的时候，只有最基础的三大功能：发送文字消息，满足用户间进行文字交流的需求；发送图片，满足用户间分享图片的需求；设置个人头像，让用户更好地表现自己，同时方便好友之间的辨识。

这些功能与 QQ 差不多，但是微信通过一步步更新换代，成为一代标杆 App。

微信是怎么做到的？

第一就是快，2010 年，Kik 软件刚刚出现的时候，腾讯就嗅到了社交软件的商机，很快召集了团队进行开发，仅仅 3 个月就推出了第一版微信。在收到不少用户的反馈后，4 个月后就推出了 2.0 版本。9 年来，微信不断升级迭代，如今已经更新至 7.0.6 版本，成为中国用户活跃度最高的社交软件之一。

当时并不只有腾讯一家企业看到了商机，但仍旧活跃的，只剩下微信。

微信之父张小龙曾说："学习和快速迭代比过去的经验更重要。"并把迭代思维作为他创造微信的理念之一。

没有谁可以一次性解决所有问题，也没有谁可以一步走到完美。迭代思维的真正内涵是升华、积累和总结，是一个从量变到质变再到量变的过程。

5. 爆品思维

在《爆品思维》一书中，作者对"爆品"做了如下的定义：

在移动互联网时代，爆品代表着专注于某一类用户，代表着以用户思维为导向的设计、研发、生产与销售，代表着真的找到了用户的痛点，代表着一款产品可以干到几个亿甚至几十亿。

所以爆品的关键是什么？符合消费者胃口的好产品。

前段时间，珠宝圈里刮起一阵"天文"热潮，起因是一枚精巧的机关戒指。

瑞典历史博物馆收藏了一枚 16 世纪的德国天文球戒指，它合并起来是一枚精巧的戒指，展开是一个天文球。精巧的设计和这枚戒指的内涵，让这枚 500 多岁的戒指一经网友发帖，就瞬间引爆互联网。

一时间，许多淘宝店家效仿那枚戒指的样式，迅速推出了仿原版、个人订制版的戒指。

爆品带来的结果是什么？首先是肉眼可见的绝对利益，其次是通过口碑效应能迅速地打开流量入口，获取低成本流量。

不少电商在此次爆款戒指中受益，获得了大量流量和粉丝，并适时推出了各自的品牌和其他产品。

爆品所反映的就是互联网的"马太效应"：强者愈强，弱者愈弱。一家店铺因为爆品而口碑升级，用户评论增多，又反过来带动店内其他商品的销售。

在商业领域过去几百年的时间里，存在大量用一款爆品击穿市场的案例。

所以在互联网时代，企业必须紧跟潮流，时刻用爆品意识去观察互联网现象，不能一味被动接受，必须主动出击，要根据市场变化调整产品方向。

6.跨界思维

原本跨界是指不同领域之间的合作，把一些没有关联的元素整合，发现其中的共性，从而彰显出一种特别的生活态度或者艺术形态，产生能够激起用户好感和兴趣的营销点，获得强强联合的品牌协同效应。这也是"网红文化"中非常常见的一种形式。比如，某知名珠宝品牌就与迪士尼跨界合作，推出迪士尼经典形象珠宝饰品，吸引了一批消费者。

现在，基本上各行各业都在谈跨界，也都在做跨界。不仅是合作跨界，更有行业跨界，做电商起家的阿里巴巴进军金融领域，做互联网平台的腾讯做起了通信，宝马除了卖汽车还出售休闲服装，大白兔奶糖卖起了化妆品……跨界已经成为行业中经济升级的一种趋势。

为什么在互联网时代，跨界更容易发生？因为信息获取的成本降低，行业间的互通互联更容易发生。企业借助互联网技术，通过跨界竞争打破原本的行业边界，同时打破原本传统企业中效率落后和创新性不够的困局，进行了企业自我革新。

所以在今天这个时代，企业不仅要警惕同行业的竞争者，更要小心来自其他行业的竞争对手，因为他们带来的行业颠覆可能更加彻底。谁能想到银行的竞争对手是阿里巴巴，移动、联通的竞争对手是腾讯呢？这就是跨界的力量。

企业在跨界时，要注意三点：

一是企业自身核心能力要稳。跨界是为了赋能，赋能的前提是企业自己的基础要足够稳。

二是跨界方向要准。跨界是为了提高效率，提高企业价值，所以要清楚企业目前的低效环节在哪儿，产生了什么问题，从而有效跨界，进行商业模式的创新。

三是一旦决定就要坚定。企业在经营方向上的跨界要避免一时兴起，跨界应该是一个高瞻远瞩、持续投入、稳步扩张、长线收益的过程。所以当企业认为跨界方向正确时，就要坚定去做，有自己独立的坚定想法。亚马逊公司的 CEO 贝索斯曾经说过："伟大的公司，要学会被人误解。"

相对于传统商业思维，跨界思维更加灵活多变，能在企业与互联网技术之间建立连接，让传统生产方式互联网化。

互联网时代，企业只有不断应变才能保持不变。

7. 平台思维

平台实际上就是一种交易场所，可以存在于现实世界和虚拟世界。平台最大的作用就是促进各方之间最有效益和效率地交易。平台的现实意义是介入到买卖双方的利益链中，使两者的联系更加紧密，交易更加清晰。

平台并不是今天才被提出来的一个概念，历史上早已有之，过去的集市是一种平台，今天的购物中心、淘宝也都是平台，而且平台本身就已经成为一种盈利模式。

在互联网时代，因为虚拟空间的出现和互联网技术的创新，好的平台对企业起到的增值效应更加明显。

在平台上，企业和顾客可以零距离接触。过去，企业追求大规模、大产量和多员工的"重资产"模式，盲目开发。在互联网时代，用户的需求更新速度快，而仅靠企业自身的资源、人力和能力并不能满足用户的需求，"重资产"模式的发挥优势的空间极为有限，甚至成为企业进一步发展的包袱。依托互联网平台，用户的个性化需求迫使企业打破自身的边界，建立一个更大的生态网络来满足用户的需求，带来生态圈的黏度。

互联网开发共享的特点，可以调动企业的积极性，发掘企业增长机会，促使企业创新，并获得更进一步的提升与持续性的竞争实力。

现在，已经存在了相当多的平台企业，同时也有不少企业往平台型企业转型。万达集团就根据企业自身总结、沉淀的房地产开发经验，建立了指导房地产开发的技术平台，这是一套可以对接很多房地产公司、帮助其他房地产企业成功的服务模式。

2014年，在海尔集团互联网创新交互大会上，海尔集团董事局主席、首席执行官张瑞敏提出了"三化"战略，即"企业平台化、用户个性化、员工创客化"，在企业内部和外部都建立平台，完善企业机制，意在将海尔打造成一个平台、一个生态系统。

腾讯本身就是以平台见长，QQ、微信等各种平台开放，迎接更多的合作伙伴，通过互联网的优势，实现合作共赢。

小米的生态圈在商圈被津津乐道，其实这也是平台思维的体现。

社交平台降低了人与人之间的沟通成本，电商平台降低了人与商品的匹配成本，内容平台降低了人与信息的获取成本。

平台思维就是开放、共享、共赢的思维。

现在，传统企业想要超越旧有的生态圈，实现盈利新增长，也需要从转型上借助平台思维。当你不具有构建生态型平台实力的时候，那就要思考怎样利用现有的平台，这是企业能否获得持续竞争力的关键因素之一。

二、小米：用互联网思维做生意

当互联网以迅雷不及掩耳之势横扫各个行业的时候，互联网思维也席卷了整个商业领域。

但很多企业对互联网思维的理解仅仅停留在听说层面，真正运用互联网思维来发展的企业少之又少。

2013 年 11 月 3 日，《新闻联播》的头条新闻报道就是"互联网思维带来了什么"，中央电视台花了好几分钟的时间，通过海尔和小米两个案例，来讲互联网思维给传统制造业带来的巨大改变。

小米的确是一家用互联网思维创造奇迹的公司。成立于 2010 年的小米，仅用 4 年时间，就坐上了中国智能手机巨头的宝座。2015 年估值就达 460 亿美元，到 2017 年估值更是高达 3080 亿元人民币。

有人称雷军为"中国互联网思维第一人"，虽然有些夸张成分，但也是某种程度上的事实。回顾小米的发展历程，就会明白，这就是一家把互联网思维注入公司灵魂的企业。

小米成立之初，最先做的并不是手机，而是 MIUI 系统，同期开设了小米论坛，小米的研发人员在论坛上不断和粉丝们讨论系统该如何改进，花了近1年时间，等MIUI系统研发得差不多了，论坛上的粉丝积累了100万，小米才开始做手机。

手机出来后，小米更是一改过去行业内的产品发布周期，从过去的"里程碑式"每年发布，变成了每周快速迭代，几乎每次产品更新，都会引发一波用户讨论热潮，这些用户对小米推出的任何产品都有很大的热情和忠诚度，小米本身已经成为网红。

同时，用户体验调研也从每月、每季度变成了每天都在论坛上和用户交流，一切以"用户体验"为中心的理念和快速的产品更新速度吸引大波"米粉"。

之后，红米横空出世，雷军选择了在QQ空间进行红米的发布，因红米极其低廉的价格和过硬的产品质量，迅速吸引了三四五线城市青年的热爱，成为一代爆款手机，也是小米扩大市场的关键一步。

从手机起家的小米，看到了跨界的力量。2016年3月29日，随着米家电饭煲的推出，小米创始人雷军正式宣布成立"米家"（MIJIA），专注于智能家居生活类产品。小米也从手机公司转型成智能家居"百货公司"。

从小米手机到米家生态链建立，借着互联网思维的东风，小米完成了小米帝国的根基，雷军的七字诀"专注、极致、口碑、快"也成为小米式互联网思维的代表。

不同于产品思维，互联网思维是从下而上的思维。

联想集团执行委员会主席柳传志说：

"从结果的角度来解读，互联网思维与传统产业的对接，会改变传统的商业模式。互联网思维开放、互动的特性，将改变制造业的整个产业链。因此，用好互联网思维，制造业链条上的研发、生产、物流、市场、销售、售后服务等环节，都要顺势而变。"

现在互联网正在成为现代社会真正的基础设施之一，就像我们用的电、走的马路一样。互联网不仅仅是可以用来提高效率的工具，它更是构建未来生产方式和生活方式的基础设施，也将成为下一波商业浪潮中最关键的事物。

更重要的是，在互联网时代下，互联网思维应该成为我们一切商业思维的起点。

俗话说，要用正确的方式做事，做正确的事。我现在要加一句，用正确的思维，获得正确的方式。

最后用华为副董事长胡厚崑的话作为本小节的结尾：

"在互联网的时代，传统企业遇到的最大挑战是基于互联网的颠覆性挑战。为了应对这种挑战，传统企业首先要做的是改变思想观念和商业理念。要敢于以终为始地站在未来看现在，发现更多的机会，而不是用今天的思维想象未来，仅仅看到威胁。"

所谓时势造英雄，不同的时代有不同的时代背景，不同的时代背景造就不同的时代思维，只有理解时代赋予的思维，才会有适合时代背景的处理方式，才会获得和时代相匹配的成就。

第二节 流量平台必不可少

> 一个成功的互联网思维企业家看得比较远，不仅仅只看到眼前的利益，更加看到未来的流量经营和用户变现，所以他前期所付出的与后期所收获的跟一般企业家就有所不同。
>
> ——汪朝林

一、微信：实体店流量的春天

实体店开店的时候，首先考虑的就是地段，地段好，人流量大，才会客源不断。

现在，要将实体店互联网化，通过互联网打造流量池，也要选流量大的"互联网商圈"。我们都知道，淘宝、京东是互联网的"平台黄金商圈"，但是在这个"商圈"开店的成本越来越高，很多店铺已经没有办法在这个"商圈"分一杯流量。

这时候，微信的出现适时地打破了电商垄断流量的局面。开通微信服务号，个人微信和企业微信互通，为中小企业进行赋能。

2017 年，腾讯旗下的企鹅智库发布了《2017 微信用户 & 生态研究报告》。报告显示，截至 2016 年 12 月，微信全球 8.89 亿的月活跃用户，近一年来直接带动了信息消费 1742.5 亿元。

截至 2019 年 3 月 31 日，微信月活跃账户数达 11.12 亿，同比增长 6.9%，这意味着什么？中国一共 14 亿多人口，这意味着社交这块流量大蛋糕基本被微信一家吃光了，微信已经成为一线的社交商圈。

我以前接触英国、德国等国家的朋友时，他们对我说了非常经典的一句话：想和中国人有生意来往，就必须得有微信。

微信服务号作为实体店线上流量入口，有两大好处：

（1）用户覆盖面广，黏性强。

作为当下最热门的社交软件，微信俨然是流量的一大入口，且不同于微博等其他社交软件，微信不但用户规模庞大，用户黏性也非常强，而且涵盖了从孩童到老人的全年龄段用户，完美地解决了实体店的线上流量问题。

现在任何企业如果生意与微信没有产生关联，就等于损失了一个巨大的流量入口。

此外，微信的核心特质就是亲密性。当初微信的兴起，也是基于用户对封闭性、私密性更强的社交软件的需求。一旦客户在线下店铺获得了良好的体验，商家可以通过与客户的微信互动，进行更深入的交流沟通，从而将原本低水平的产品和服务营销，升级到高层次的企业文化、品牌和情感营销。

企业通过微信引流，更容易获得信任度高、稳定性强的用户。

（2）微信是目前唯一的闭环营销平台。

在介绍微信的闭环营销之前，我们先简单了解一下目前互联网平台的几种营销类型。

现在各大互联网生态平台大致分为三类：流量型、交易型、闭环型。

第一种流量型生态的代表主要有：百度、今日头条。

在流量型平台上，能够给企业提供的只有流量，通过链接跳转将客户引流到企业的落地页，相当于只起了一个中转站的作用。比如在百度上，企业购买百度的一个推广，客户看到后可以根据企业留下的联系方式（电话、邮箱、网页链接）与企业联系。而在这个过程中，可能会有二次或者三次跳转，每次跳转都会造成流量损失，流失率也造成了流量型平台的获客成本越来越高。

第二种交易型生态的典型代表就是一些电商平台，如：淘宝、京东、美团等。

电商平台的交易过程和获客流程比流量型平台简单方便很多，但是电商平台上的流量都是属于平台的，企业只有进驻这些平台时，通过"购买"流量获得短暂的流量，一旦离开这些平台，流量也跟着流失，无法将流量进行留存，更不用说随时触达客户，以及进行复购等操作。

第三种闭环型生态的典型代表就是微信。

在微信上可以完成流量曝光、落地、销售、留存/服务、复购、带新等六个模块，整个过程不会有任何流量的损失，因为所有操作都可以在微信的程序和页面中进行，最后经老客户转发介绍，形成流量池。

腾讯将个人微信跟企业流量平台打通的媒介就是企业服务号。服务号顾名思义就是为用户服务的。腾讯基于为中小企业赋能的理念，让每个中小企业都有经营流量的平台。从这点来说，以后各个中小企业都将成为电商，这对电商平台来说，将是一个不容忽视的挑战。

二、服务号：企业的精准营销窗口

马云说，有人是因为相信而看到，大部分的人因为看到才相信。其实，相信而看到的人成为思想家、创造家和企业家，而看到才相信的人成为"历史学家"和"考古学家"，后者只能根据已发生的事实去总结，不能创造新事物。

——汪朝林

借助微信平台，企业可以打造一个属于自己的微信服务号或者小程序，相当于为企业建立了一个发声平台和自我展示的窗口，通过文字、图片、语音、H5 与用户一对一、全方位沟通，极大提升了企业与顾客的沟通效率。加上后台附送的优惠券、更加丰富的新推送方法，进一步提升了顾客感受。

目前，根据微信的官方介绍，企业与用户沟通的微信形式主要有以下三种：

服务号，帮助企业快速建立公众平台，主要用于向客户提供服务，每个月可向用户发 4 条消息，企业可以通过认证增加用户信任度。

订阅号，普通用户可以像订阅报纸一样，每日获得所关注的订阅服务号推送的消息。订阅号是一种媒体社交平台，通过为用户提供优质的服务内容，打造企业的文化品牌，从而与用户建立黏性。

小程序，是一种不需要下载安装即可使用的应用，它实现了应用"触手可及"的梦想，用户扫一扫或搜一下即可打开应用。通过与服务号关联，用户可以实现服务号与小程序之间的相互跳转。

微信本质就是一个天然的流量池，可随时触达消费者手机。有了微信服务号，中小企业都不再需要借助其他线上平台和 App 完成品牌宣传和流量获取，通过微信服务号平台，企业可以将自己的产品信息、活动信息、服务消息和优惠信息及时推送给客户，精准营销，吸引客户关注和消费。

以珠宝店为假设，借助微信平台，我们可以用轻资产模式运作电商。

当珠宝店开设了自己的微信企业服务号之后，在营销层面，就可以聚焦于"即时服务、精选服务、社群互动营销"三个方面。

珠宝店的服务号开通后，第一个动作就可以通过智慧技术平台（在下一节中有具体介绍）把传统的会员系统接入微信后台的社交化 CRM（客户关系管理）系统。

在微信后台的 CRM 系统中，珠宝店可以进一步对会员做精准化的标签管理。每一个客户下面都有多个标签，比如一位顾客可能有这样的标签：她是一个妈妈，很喜欢参加社交活动，非常喜欢钻石等。

基于这样一个 360 度的视图，珠宝店就可以对客户做个性化的营销推送，打通用户的痛点和连接点。

珠宝店可以利用微信服务号进行的个性化营销大致有三种：

（1）精准营销。

对一个节日做十几个活动策划，分级式、精准化地针对不同群体。有不少案例证明，在精准化推送下，服务号取消关注的人数大量减少，推送信息转发率有相当大的提高。

（2）提案营销。

针对节日特性，精选一部分商品，提炼商品中的核心价值，放在对应的场景中，客流转化率相对可观。

（3）情感营销。

根据节日特性适时推送温情类原创内容。比如妇女节，从情感出发，为不同性格的女性推送不同类型的产品，让顾客真切感受到商家很懂自己，从而拉近顾客与商家的距离。

微信作为移动互联网革命的产物，不仅仅打通了一个新的流量渠道，而且从根本上改变了企业的销售模式，通过跟用户建立起长期的关系来获益，构建"人、货、场"之间的千人千面。

以上关于借助微信号进行精准营销的内容，我将会在第六章中通过珠宝店的具体实践工具和案例着重说明。

三、用好微信：销售无边界

在第二章第二节讲到互联网的优点时，就介绍了互联网是没有边界的，现在我要多加一句，互联网的销售也没有边界。

我先问一个问题，假如有一个价格为 1500 元的砧板，目标销量是1 万个，你觉得需要多长时间才能卖出去 1 万个？

在互联网时代，答案是 10 分钟。

自媒体人"李叫兽"发了一篇文章，里面举了一个真实的案例：

一个美食界的网红，通过微信服务号推送营销文章卖砧板，砧板价格为 1500 元，远高于普通砧板，结果 10 分钟就卖出了 1 万个。因为卖得太快，没货了，网红打电话到砧板公司去订货，结果公司也没货，因为这个品牌的砧板去年在整个亚洲，所有渠道的销售量加起来都不到 1 万个。

举这个例子，我就是想告诉大家，利用好微信平台，任何企业都可以将自己的固定实体店打造成一个没有边界的互联网公司，因为互联网的营销是没有边界的。

再比如，很多商家都推出了拼团购，用户只要把拼团的信息发到微信群和朋友圈，不管天南地北的朋友看到了都能买。过去的实体店有销售边界，用户几乎都是方圆几公里到几十公里内的消费者，但是有了互联网，企业可以打破任何边界，链接全球的客户。

企业无边界运营已经成为未来发展的潮流和方向，所以，企业家们现在应该要站得更高，才会看得更远。

> "实体店＋互联网"的核心是以实体店为根基，利用互联网技术，建立自身的流量平台，实现线上线下一体化，而不是入驻第三方的电商平台（如淘宝和京东等），成为电商的一个入驻商家。自己的流量和线上，不是电商平台的流量和线上，本质的区别在这里。
>
> ——汪朝林

一、各行业都需要一个技术平台

实体店要拥抱互联网，除了转变思维、拥有流量平台，还需要一个技术平台。目前大部分行业的传统店，信息化、数据化、网络化的程度还非常低，技术平台的主要功能就是作为实体店的互联网连通器，为实体店赋能，实现企业独立的数据掌握能力和分析能力，不再受制于"人"。

在介绍技术平台之前，我还是先介绍一个未来的商业概念，帮助大家更好地理解技术平台的实际意义，这个概念就是"S2B2C"。

2017 年 5 月 26 日，阿里巴巴"总参谋长"曾鸣教授在天猫智慧供应链开放日的论坛上发表了一次演讲。在这次演讲中，他阐述了自己对新零售、新商业未来的创新思考，同时提出了"S2B"的概念。后来，曾鸣教授在《在未来五年，S2B 是最有可能领先的商业模式》这篇文章中，对 S2B 这个概念进行了进一步的补充和深入阐述，提出真正的 S2B 其实是 S2B2C。

S2B2C 到底是什么呢？

根据曾鸣教授的解释，S（supply chain platform，供应链平台）是一个大的供应（链）的平台，能够大幅度提升供应端效率，B（business，企业）指的是一个大平台对应万级、十万级甚至更高万级的小 B，让它们完成针对 C（customer，客户）的服务，即 S 与小 B 共同服务 C。

曾鸣还表示，未来的一切都是服务，产品只是服务实现的一个中间环节，S 和 B 之间既不是买卖关系，也不是传统的加盟关系，而应该是赋能关系。

对 S2B2C 模式，我通俗地理解为：

一个强大的服务于中小企业的 S（平台），与千万个直接服务于客户的小 B（商家），共同服务好 C（客户），在这个过程中，平台保证技术质量和流程的高效，为加入平台的商家提供后台支持，进行技术赋能，让商家们可以自主地去发挥他们的能动性，触达客户。

这个过程中，平台并不是简单地为企业提供某一服务，而是通过平台的参与让企业从弱能变成强能，就好像让企业全副武装，从整体上提升了企业的"战斗力"。

其次，平台本身不带流量，对接客户的任务还是由企业完成，但平台能够通过对接微信这种庞大的流量入口，帮助企业精细化管理流量，让流量和数据完完全全掌握在企业自己手里。

另外，技术平台和企业的合作将是一种全新的产业分工模式，两者是协同关系。所以平台实际上就是把人的主动性和系统网络的创造性有机地结合在一起，更加高效地完成销售任务。

基于对曾鸣的"S2B2C"未来商业模式的理解，我们会发现，平台在这个未来商业模式中起到了至关重要的作用。

由此可见，实体店对接互联网，实现智慧零售的核心之一就是技术平台对商家的数字化和互联网化赋能。

有些企业家可能会说："电商起来的时候，我就花了大价钱开发平台，可是没用啊？"

确实，在电商来势汹汹的时候，不少中小企业组建了自己的电子商务部门，花重金购买了服务，开发了自己的网络商城，本以为可以让销量上去，结果却发现，为了维护这些设备和平台，钱越烧越多，收效却甚微。

这是为什么？

因为这些企业还没有真正理解互联网思维，没有理解什么是真正的智慧零售技术平台！智慧零售技术平台一定是可以为企业赋能的，是企业最好的合作伙伴。

如果每个企业都要打造一个真正可以将企业本身互联化的技术平台，则需要一个真正的互联网团队。这个团队需要真正理解商业运营的营销专业人员、理解中国互联网特征的网络营销专业人员、专业的程序开发人员和专业的数据分析人员，这需要企业花非常多的成本和精力，是许多中小企业所不能承受的。

所有行业都需要有一家技术开发公司，根据行业特性和属性，研发一个可供行业使用的智慧零售技术平台，将实体店的互联网化经营要求通过技术平台的工具和解决方案来实现。

而行业内的企业所需要做的，就是利用好技术平台，建立团队，管理好这个技术平台，不断创造增量市场，提升效益。

二、技术平台如何赋能

当传统企业开始着手转型时，一定要透彻了解技术的重要性。

本节所说的技术平台是技术开发公司开发的网络软件，以 SaaS[①] 模式（云计算服务模式的一种）向用户提供软件服务。技术开发公司可以为企业搭建数字化所需要的所有网络基础设施及软件、硬件运作平台，并负责所有前期的实施、后期的维护、迭代升级等一系列服务。

技术平台的出现降低了传统企业接触互联网的门槛，任何传统企业都不需要购买软硬件、建设机房、招聘 IT 开发人员，就能通过互联网使用技术平台，就像打开自来水龙头用水一样方便。现在互联网到处都是接口，企业只需要接入就行。

技术平台能帮助企业用户进行分层营销一体化、智能化的管理，让企业轻松实现建立私域流量、挖掘潜在客户、精准分层营销以及高质量客户管理等专业服务，助力企业解决获客、锁客、促活、转化、复购等一系列客户营销难题，并能够有效提升中小企业的盈利能力。

我把技术平台的赋能归结为"四化"：

（1）线上线下一体化。

在现如今的时代，没有一个消费者只在一个渠道购物，而是交错出

---

① SaaS：软件即服务（英文全称 Software-as-a-Service），于 1999 年由美国 Salesforce 公司首次提出。作为兴起于 21 世纪的一种完全创新的软件应用模式，SaaS 被看作为传统软件的终结者，它完全免去了传统企业的软件购买、安装、维护等一系列环节，让软件变得简单易掌握。SaaS 模式软件提供在线营销服务和先进的管理理念，实现营销、生产、采购、财务等多部门多角色在一个平台上开展工作，实现信息在可管控的高度共享和协调，减少企业资金成本、时间成本和风险成本。

SaaS 与传统软件的最大区别是，前者按年付费租用服务，后者一次买断。这貌似只是"报价方式"的区别，实际上这是一个根本性的变化，这带来的是对服务模式、销售模式、公司价值等多个维度的根本影响。

现在网店、社交商店、移动商店和地面实体店等全渠道中。所以，不管是地面零售商还是在线零售商，都必须加速从单渠道向全渠道的转型。打通线上和线下的销售渠道，汇聚网店、门店、经销商等不同渠道的订单，这一切在全渠道时代变得可行而且必要。

线下门店与线上网店互补导流，提升门店经营效益。另外有高效、智能的仓库处理库存，打通商品、交易信息，可以实现线上线下同商品、同库存，充分整合线上线下资源，实现企业一体化管理，提升客户的消费体验。

（2）财务业务一体化。

传统店铺用 Excel 和账本记录客户和财务信息，不仅烦琐，而且极其容易丢失。通过技术平台，实现记账凭证电子化，一键自动生成，收入、成本、利润都能核准生成，连锁经营的店铺也可以独立核算，摆脱了传统账本和 Excel。通过大数据分析，精准管理库存和成本、资金的流转，精确掌控每个店铺的营业情况。

（3）客户经营一体化。

私域流量池是未来所有行业的核心，没有流量基本就是没有销量。没有 C 端（客户端）思维的企业自然就不会想着如何去链接用户和留存用户，只求促销再促销还是促销，缺乏对客户的积累和培养。

技术平台可以完美解决客户的积累和培养问题。对接微信会员、线下会员，统一通过技术平台管理所有渠道的会员，还可以通过微信服务号与客户在线实时互动，并在技术后台实时分析，围绕客户的精准分析和分层管理，将用户数据化，从传统行业面目不清的"客流"变成有血有肉、特征明晰的"用户"，了解用户才能满足用户需求，让客户的终身价值最大化。

而且基于技术平台，企业可以建立拥有全部自主权的私域领地，将众多平台的私域流量进行引导和承接，最终将流量紧紧掌握在企业自己手中。

（4）多端协同一体化。

Web端和移动端一体化链接完成后，客户和商家的信息系统实现了高效集成、无缝链接。客户可通过采购系统下单，同步生成订单，实现业务流程的贯通。商家可以随时随地处理业务和查询数据，大大提高了商家的工作效率和客户的购物效率。

现在已经有不少基于云技术的行业技术平台，第二章提到的为天猫小店赋能的天猫零售通，就是专门服务于传统便利店的技术平台。在珠宝行业，我们创立了零成本科技公司（在第五章中会详细介绍零成本科技的功能）。

未来珠宝店不会局限于线下的传统经营，取而代之的是一个集传播、沟通、交易等功能为一体的移动互联网店铺，实现线下展示、场景体验、售后，线上传播、裂变、引流、在线客服，最终实现线上线下同步销售，消费升级。

对于传统企业而言，已经没有理由继续做看客了，今天不改变自己，明天互联网就会改变你。

三、创新技术平台的特点

不是一个信息平台，就无法做数据交互和功能协同，也就不是一个整体的数字化信息解决方案。大多数企业用零碎的功能去要求IT部门，却看不到信息建设的底层逻辑和系统框架。

——汪朝林

实体珠宝店要完成 B 端（企业端）的数字化转型，必须有一个强有力的技术平台做支撑，但是问题来了，如今，市场上的珠宝零售软件系统五花八门，良莠不齐，哪些是换汤不换药的概念产品？哪些是抄袭加模仿的山寨产品？又或者哪些才是简单好用的真正有效的良心产品？

这里，我就要给大家厘清山寨技术平台和创新技术平台的区别。

我们先来说说山寨技术平台。山寨技术平台的典型特点就是"用固化的流程驱动业务"，什么意思呢？就是用信息化的技术把流程固化和规范起来，然后要求员工照着流程去跑。这种平台产品很容易给企业形成一种"数字化"的假象，但它的本质只是利用了互联网最基础的信息传递和传播功能，内核还是传统营销那一套，跟数据分析应用完全不沾边，也就无法真正实现互联网营销。

而创新技术平台的核心在于用数据驱动流程。创新技术平台可以打通单个工具模块的边界，实现数据的协同交互，提供数字化整体解决方案，它的关键的价值指标在于提升和创新，财务指标则是客户获取、客户留存和扩展、客户变现，经营的是客户的长期价值。

以拼团活动为例，假如一家珠宝店的员工先发起了一个拼团活动，通过社交网络转发，带动消费者参与拼团活动。那么在山寨技术平台中，不管这个拼团活动多么声势浩大，活动流程都是线性的，消费者仅仅是整个活动流程中转发和参与的一环，后台不会对参与的消费者进行"存量"的动作。活动结束后，巨大的客户流量也因此流失，珠宝店也没有获得任何数据资源，对商家而言，是巨大的损失。一场拼团活动不能只带来短期的活动利润，而没有长期的数据化经营价值。

而在创新技术平台下，消费者参加拼团活动之后，数据化业务流程开始启动，数据驱动企业内部生成对参与活动的消费者分析，商家可以掌握所有参与该次拼团活动的数据资源，并将其转化为自己的

"存量"，形成自己的"私域流量"。之后，再驱动员工去做相应的工作，很多营销活动都可以迁移到商家通过创新技术平台打造的"私域流量"里面，外部的业务流程被打通成一个新的主流，整个营销过程是环形的。

另外，在今天这个移动互联网时代，所有的信息都是碎片，一个没有能力处理碎片化信息流的山寨技术平台是不"懂"客户的，更别提帮助企业留住客户。

创新技术平台带给企业的，不仅是当前的销售和利润价值，而且是可持续的销售和利润创造：粉丝私域流量的价值、会员价值、数据价值、传播价值、客户互动服务和体验、客户黏性、管理效率提升价值等。

未来，企业最重要的就是数字化资产，它包括用户数字化、商品数字化、企业内部管理数字化、消费场景数字化等，我们需要有一套真正创新有效的平台系统去支持这种内外部业务流程的数字化，加强企业的数字决策驱动能力。

时代就像大浪淘沙，历史证明：从来没有摆在眼前闪闪发光的金子，只有被风浪冲刷出来的金子。互联网时代，只有布局大数据引擎、创新技术平台的珠宝企业才有可能赢得未来！再小的品牌都应该选择优质的创新技术平台。

第四章

困局：
因循守旧的实体经营者

　　互联网发展到今天，数以万计的传统企业都想在这个风口上寻找突破点，但是互联网转型这条道路却不是人人都走得顺利。过去的老一套商业模式，生产、加工、产品、招商、广告，是传统企业的标配，闭着眼睛都会干，但是在互联网风潮下，传统营销突然失去了"势"。

　　互联网对传统珠宝门店产生的核心影响是：链接消费者成本变低、商业利益最大化、扩散裂变能力更强。但传统门店在困境中又太自我，即思维难改。

　　传统中小企业向互联网转型失败的原因，核心在于"三无"，即无知、无畏、无为。所谓"无知"就是固执己见，不少传统企业家对互联网的反应总慢半拍，在传统零售模式下故步自封。只看到自己今天和过去的成功，却看不到明天的失败。比无知更可怕的是"无畏"，明知互联网的大势已经到来，还一直在犹豫徘徊，总觉得自己会是"幸运儿"，到最后被时代淘汰还浑然不知。"无为"最可悲，舍不得做出改变，守着落后的管理制度和销售方式，眼睁睁看着自己的企业倒在互联网化的滚滚巨轮之下。

海尔掌门人张瑞敏就说过："传统企业要么触网，要么死亡。"可见，传统零售行业的"生死牌"全然维系在"互联网化"上。

大家应该都还记得诺基亚，过去，诺基亚是全球顶尖的手机品牌，从 1996 年开始，诺基亚的手机业务连续 15 年获得全球市场份额第一，公司利润达到了前所未有的高度。2003 年，诺基亚的经典机型 1100 在全球累计销售 2 亿台，这个销售记录在今天，已经成了不可企及的神话。但是，神话和陨落之间似乎只有一步之遥。在移动互联网的智能手机时代，还只做塞班系统的诺基亚和成就它的时代一起消失了。诺基亚被迫出售手机业务，其负责人说："我们也不知道做错了什么，但我们就是失败了。"

互联网正在加速淘汰传统企业，任何一个企业终将被颠覆，区别在于是被别人颠覆，还是自我颠覆。

第一节 实体店互联网化的 N 个障碍

> 一个人卓越，造就不了一家卓越的公司；一群人卓越，才能造就一家卓越的公司。
>
> 而卓越的核心是一家公司和一群人的认知升级，否则不可能真的上新台阶，只会陷入死循环：认知不统一，事情推不动。推不动的本质是大家没有建立对这件事价值的认知。
>
> 看不见也罢，顽固拒绝也罢，都不可怕。最可怕的是，面对危机，我们什么都不知道。

根据我多年的从业经验，发现珠宝行业中存在以下几个阻碍互联网化的现象，分别是传统企业认知固化、企业高层不重视、执行层怕困难、对互联网功能认知不够、组织和团队缺失、想要完美功能、担心数据安全、对"人、货、场"核心认识不足、不够了解营销闭环。每个正在为互联网化而焦虑的企业或多或少都存在以上现象中的几个，但大多数企业还没有意识到这些现象是他们转型的绊脚石。

只有从认知角度，去理解互联网下的智慧零售，理解其所带来的变革，我们才会有更多不一样的认知，才能看到更多别人看不到以及因顽固而不愿去理解的机会。

一、传统企业认知固化

> 任何一个新鲜事物的来临，都会有人先知先觉，有人后知后觉，还有人不知不觉。把握机会和趋势的先知先觉者，往往成为人生的最大赢家。
>
> ——汪朝林

实体店要实现互联网化，最重要的就是拥有互联网思维，而思维恰恰是最难改变的。马云说过："不是技术冲击了你，而是传统思想、保守思想和昨天的观念冲击了你。"很多曾经成功的实体企业家，最后反而倒在零售变革的浪潮之下，就是因为没有了解互联网到底是什么，也没有真正理解互联网思维，反而一味沉浸在过去成功的传统商业经验中，习惯用已知否定未知。

其实这就是由阅历和经历所决定的，就好像十几年前谁也不知道房价能涨得这么快，那时候在大家的认知里，房子就是拿来住的。

被曾经成功的经验所束缚，是每个人都会犯的错。俗话说良好的判断力来源于经验，丰富的经验会让我们更快地处理问题，人都有安全思维，会本能地选择已有的成功模式。

王石也说过一段类似的话："淘汰你的不是互联网，而是你不接受互联网，是你不把互联网当成工具跟你的行业结合起来，最终淘汰你的还有你的同行，他们接受了互联网，把互联网跟自己做的事情结合起来，淘汰了你。"

传统与未来的距离，就来自认知与思维的桎梏。

但是随着互联网时代的到来，网络信息量大、信息传播速度快、信息便于查询、获取信息渠道增多等特点，让行业内的信息变得越来越透明，很多过去的成功经验，比如成本领先、渠道为王……已经无法像以往一样奏效了，反而成为阻碍中小企业发展的天花板。

举个例子，当其他电视生产商家还在苦苦做电视，想尽办法降低成本、扩展销售渠道的时候，乐视借互联网的东风，把自己做成了"应用分发＋内容＋入口"的平台，将乐视网、云平台、内容应用以及硬件能力进行了充分整合，形成了很好的用户体验和有竞争力的产品，让消费者通过购买服务来实现硬件免费。

互联网和计算机崛起之后，电视机的市场很快受到了巨大的冲击，不少电视生产厂家和经销商还是卖货思维，无不面临经营困难，除了乐视，因为它已经不靠卖电视机赚钱了。虽然今天的乐视失败了，但依然无法完全否定乐视那几年对传统行业的颠覆。

再比如，手机行业对小米公司有一个根深蒂固的看法是"他们的产品在行业内其实不怎么样，不过他们做的营销很值得学习"。

其实，这种想法本身就暴露了传统企业还处于传统制造业的思维定式中。

对小米的手机产品的这种看法，本身就是传统制造业的思维定式，以至于他们看到的只是小米"最热"的营销表面，却看不到小米背后一整套互联网思维的完整细节。

小米公司的本质并不是一个手机制造商，而是一个"依托自有品牌，以电子商务为商业模式的服务企业"，它真正销售的是手机等硬件产品加上 MIUI 等软件，以及未来更多的互联网服务。

互联网时代要求我们首先要解放思想，直白地说，就是要抛弃旧的传统零售的思想，拥抱互联网下的智慧零售思维。旧思维不是不好，而是已经无法适应现在这个快速发展的互联网时代。

绝大多数继续抱着传统思维的企业，最终的结果会是走向被"颠覆"，而无法完成真正的"互联网化"。

很多企业家已经四五十岁了，除了阅历所限，他们对互联网有一种本能的排斥，觉得看不懂，学不会。

所谓隔行如隔山，这是正常的情况，传统企业仍保有传统企业的优势，但是传统企业要看到的是互联网能为传统企业带来的赋能。

"实践是检验真理的唯一标准"，企业经营者要开放思想，迎接互联网的到来。互联网不是洪水猛兽，这是一个创新的时代，企业家时刻都要有革新的意识，现在的互联网已经非常普及了，难的是走出改变自己的第一步的勇气。

马云是怎么做起阿里巴巴的？他是去了美国之后，才知道原来生意还可以这样做。可现在还有很多人对这种新的事物、新的变化没有知觉。

现在，互联网正在改变90后、95后、00后这一社会主流的网络群体，而他们正在改变世界的商业模式。

企业家如果还不能从固化的认知中跳出来，那么企业的危机已经到来。虽然这种危机不是立马就会让企业倒闭，但是企业想要获得更长久的利益就不太可能了。

或许10年，或许5年，或许更快，大家就不会再讨论互联网了，就好像我们现在不会讨论电话一样，因为到那个时候，互联网已经成为我们生活的必需品。等到那个时候再想转变认知，为时已晚，已经错过了最好的时机。

我们常说产品是需要持续不断地更新迭代的，人的认知也是一样的，需要不断地更新迭代。

认知的本质就是做决定。人和人一旦产生认知差别，就会做出完全不一样的决定。而这些决定，就是你和这些人最大的区别。你现在拥有的品牌和位置都不重要，核心是你脑海里的大图和你认知的能力。

机会总是留给有准备的人，只有思想改变了，才会去行动，行动了才会有想要的结果。

二、企业高层不重视

贫穷和富裕都会限制人的思维，但思维的贫穷才是真正的贫穷。

——汪朝林

互联网在中国已经发展20多年了，很多传统企业关于如何向互联网转型的讨论大多还停留在理论层面，"只听楼梯响，不见人下来"，或者是有行动，但都迈不开步子，企业高层过问少、关注少、参与少。

我见过一些传统企业进行所谓的互联网转型，有一些企业建了自己的官方网站，主要用于展示企业情况、推广自己的产品，让消费者有一个了解企业的窗口，但建了网站之后，却都放任不管，抱着消费者自己搜到官网的心态运营网站。很显然，这些企业建立的网站大部分只是"门面工作"，对企业发展的帮助甚微，不会带来任何流量，网络订单转化几乎为0，这个网站的结果就是被放弃。现在去搜，还有很多这样的"僵尸"网站存在，可能最近更新的文章还停留在几年前甚至十几年前。

还有一些企业，会找一些推广渠道，比如百度、360搜索等，通过付费，寄所有的希望于这些推广平台，希望靠他们带来客流，一味地干等。其实这与传统的"坐商"没有任何区别，只是地点从线下转移到了线上。

也有一些企业，自己宣传，运营微博、运营微信，认为使用了这些互联网工具，就是已经和互联网接轨。但互联网的运营时间和模式还是向传统企业看齐，早上的第一条微博、微信9点左右才姗姗来迟，而这个时候潜在的客户都在上班，谁还有时间刷微博、微信呢？

等到这些客户有了碎片时间，比如午休，晚上临睡前，企业发的消息早已被淹没在大量的信息之中。

另外一类企业，觉得互联网是大企业才会去考虑与利用的，自己只是小企业，不需要费心费力去依靠互联网，互联网与自己是"井水不犯河水"的关系。所以常常觉得事不关己，忽视互联网的存在。那么我敢说，现在这些企业对互联网抱有"看不见"的态度，未来很快就会演变成马云说的"看不见、看不懂、看不起、来不及"，最后后悔都来不及。

这些，归根结底还是传统企业高层不重视企业的互联网化，不重视自然就没有了解互联网的动力，也自然不会产生转型的急迫感，更不会投入人力、精力和物力去改变现状，所以一切都还只是停留在口头上或者各种"懒政"。

传统企业的高管和职业团队大多还简单地认为传统企业互联网化转型就是有自己的互联网账号，然后向互联网要订单；不愿学、不想学、不肯学，在原来的舒适范围不肯走出去，只想着等一切都成为结局时，再照搬照抄。但是，对于互联网化本质内涵的错误认识和对企业转型的错误认知，最终换来的都是竹篮打水——一场空。

这就是管理人员没有梦想，自身不注重格局和方向，为了一份工作和报酬得过且过，为了一点点蝇头小利而不顾大局和全局。没有事业心、责任心和紧迫感，这种人带的团队也是思想守旧、行动缓慢，总认为金钱和眼前利益是实的，未来和转型是虚的。

只有真正重视，才会有足够坚定的动力去实施。

三、执行层怕困难

> 风险和成本是可承受的，也是输得起的，但收益却是十倍、几十倍，甚至几百倍的，那要坚决去干。干任何新鲜事物都是风险投资，敢于输得起的人，才能赚得多。
>
> ——汪朝林

一个企业，有了好的战略之后，最重要的是什么？就是执行。

一个好的执行部门能够弥补决策方案的不足；而一个再完美的决策方案，也会死在滞后的执行部门手中，执行力是企业管理成败的关键因素。

我们往往会发现，企业的很多战略没有办法落到实处，原因就是执行层怕困难，导致执行力缺失，管理者的所有工作就变成了一纸空文或一场空谈。

执行层为什么怕困难，困难从何而来？我总结为四点。

1. 执行层不知道该做什么

在企业中，每个领导都有自己的想法，比如董事长说我们今年搞爆品，然后总经理说我们今年搞运营，最后企划经理说我们今年重点搞促销，企业高层思想不一致，导致员工不知听谁的意见才好。"三个领导一个兵"，下属做事，不是"左右为难"，就是"进退两难"。企业高层意见不一，往往没有统一的想法和合力，直接导致管理层和执行层的出发点不能得到有效的统一。

这是执行力较差的企业大多会存在的通病：管理者乐于做决定、布置任务，并踊跃发表自己的意见，可对执行层来说，却是一头雾水，让计划和落实行动的环节大打折扣。

在提升业绩的过程中，企业里每个人的思想不一样、目标不一样、行动不一样，最后就抓不住客户需求。《孙子兵法》说，上下同欲者胜。共识、共频、共振、共行，是企业形成合力、提升业绩的四个关键。

所以，企业在制定战略目标时，一定要可行、统一，将公司的目标与执行员工的个人目标相结合，确保战略可以转化为实际行动。

2. 执行层不知道怎么做

这也是互联网时代下，很多传统企业转型过程中的通病。之前，每个行业都在谈论规模增长、盈利增长和资本驱动，但是今天，每个行业都开始讲流量、精准用户、大数据和价值创造。

虽然这个时候目标很明确，就是要互联网化，把效益带上去，但是企业突然之间不知道该怎么做了。我们在前面也讲了，中高层领导自己都不了解互联网，更不知道要怎么干，就没法对下面的人说清楚。董事长说不清，经理也说不清，最后是真正的执行层空有一个大目标，却不知道怎么做，有苦说不出。

管理层有方向、没力量，员工有力量、没方向，不管是哪种情况，战略蓝图都没办法执行，都会影响企业未来长远的发展。

3. 流程烦琐，执行层做起事来嫌麻烦

打个比方，士兵在前线打战，需要后方的粮草支持，粮草却迟迟不

来，原因是要层层审批！这对前线的士气是不是一个巨大的打击？

企业做事情也是一样的。比如我们今天开了一家珠宝店，到了情人节这一天，其他的竞争对手都在搞促销、搞活动，客户来了，看上了一款产品，问店员："别家打九折，你们这里有没有什么优惠活动？有的话，我就在你们这里买了。"

这时候，店员说："我做不了主，要请示一下领导。"一请示就是半天，生意早黄了。

所以，企业制度不够完善，导致执行层没有一定的市场权限，什么都要请示领导，领导对市场又不一定完全了解，执行层还要跟领导解释为什么这么做的理由。企业决策层没有真正获取客户的真实认知，却反过来成为企业内部决策的根本推动力，这就造成执行层做起事情来阻碍太多，热情被消耗，慢慢就变得不主动做事了。

4. 执行层存在"惰性思维"

销售工作的性质决定了大部分员工永远都是只看眼前的好处。这时候，如果企业的奖惩机制和企业文化不到位，直接就会导致员工不思进取。

一个公司大体上总是有两类人：混日子的和想做出改变的。一个执行力差的企业，大部分都是混日子的人，工作中表现为有令不行、抱怨、发牢骚、抵触、拖延、找借口、该完成100%的工作只能做到10%等。这类员工大多都是怕增加自己的工作量，所以做事应付了事。维持生存的人很多，有事业的人很少；想短期回报的人很多，想长期利益的人很少。普通的人能生存，但有眼光、有判断力的人，才有梦想和事业。

企业在这个时候就要明确奖惩机制，奖励优秀的员工，针对差的员工也要及时处罚。同时要树立企业远景，培训员工思想，从"要他做"

变成"他要做"。

大部分企业仅靠执行层成员"自觉"或"自律"是无法实现企业预期管理目标的。纵观万达、华为、恒大等这些国内知名龙头企业，就会发现它们的管理背后都有一股强势的组织执行文化在发挥着重要作用。

文化建设不足的时候，就是团队向心力弱化的时候；价值观建设滞后的时候，就是团队绩效落后的时候。所以企业必须根据自身发展远景、价值观、战略目标来制定企业的制度和企业文化。

四、对互联网功能认知不够

中小型珠宝企业运营微博、抖音、直播平台、电商平台等大型流量中心，运营和转化都需要专业团队和时间，而且投入还不少。所以许多中小型企业望而却步。对于这些企业来说，以自身实体店为流量入口，用好互联网技术和工具，低成本、高效率做好本地的区域互联网是最为现实可行的。

——汪朝林

如今一些传统企业抱怨生意难做、互联网转型困难，但与此同时，早有另外一些企业借着互联网的东风，赚得盆满钵满。

为什么会这样？

因为互联网一个最大的特点就是开放。以前，企业的经营活动都是围绕结构调整、淘汰落后产能和激活组织内部展开；现在，要求企业以流量、以用户为中心去筹划产品与经营。但是，很多中小企业对互联网的功能缺少认知，对互联网的作用认识不深刻，因循守旧，还抱着原来的管理理念。

很多传统企业对互联网的一个普遍认知局限就是，互联网是一个宣传和销售的渠道，这些企业以为使用了微信服务号、做了电商就等于与互联网接上了轨，但其实这与企业互联网化关系不大。

微信服务号也好，电商也罢，都只是互联网技术的一种产品形态，并非全部，就好比互联网是一个很好的宣传和销售渠道，但它也不只是一个渠道。

《道德经》里说，道生一，一生二，二生三，三生万物。这个道是什么？一是什么？二又是什么？很多企业要往互联网转型，却对互联网没有本质和全面的认知，更多转的是形式上的东西。

就以微博、微信等社交媒体的运营为例，绝大多数传统企业也有微博、微信，但推送内容枯燥乏味。运营一段时间，对促进业绩无益处后就把微博、微信打入了冷宫。这是因为给互联网平台贴上了销售属性的标签。传统品牌商最大的危机是缺少用户以及和用户的连接。所以当有一个和用户直接连接的平台时，企业要做的是通过这个平台运营用户，通过精准营销等方式，让用户参与商家的活动，与商家互动。一个品牌商的社交平台，粉丝是巨大的财富，其价值不仅在于变现多少销售额，而且在于在长远的发展中，它给商家带来的好处。

真正的互联网功能绝不仅停留在销售环节，还涉及企业营销的方方面面。

说到底，传统企业对互联网功能的认知不足，而且缺乏互联网思维。这就是说，互联网是一个销售渠道，但互联网思维是一种新商业模式。

五、组织和团队缺失

很多中小企业在互联网转型中，都存在一个普遍的现象：没有专人负责且没有清晰的职能。

一般的中小传统企业中，三种人构成了企业的互联网化"核心"工作人员：一是相关专业的应届大学生或者工作不久的年轻人，对互联网比较会玩，但缺乏对传统企业运营模式的了解；二是传统营销人员，有市场经验但对互联网营销并不熟悉；三是直接管理终端的人员，对终端的日常管理是内行，但对线上的引流、转化和裂变是外行。

这样的一个团队做了一段时间互联网化之后，发现不但没有收到良好的效果，反而效率低下。这是因为一方面人才都不是专业的互联网人才，另一方面是中小企业缺乏系统，大家都不掌握工具和方法。我们当初遇到这个问题也觉得很困难，因为这些企业不可能在短期内建立完善的培训制度。现在终于找到解决方案了，即在线下定期开展培训班，免费培训零售金店的互联网人才。另外，又开发线上培训系统，将各种使用功能、操作工具、营销方案放在线上。金店即使人才流失，依然可以线上线下立体学习掌握。

传统中小企业高层不懂互联网，觉得转型艰难，是因为企业内部人才稀缺，人才培养严重滞后。传统企业转型互联网，是一件创新的事，需要的是既懂互联网，又懂传统营销的综合性核心人才团队。没有构建完善的团队体系，没有打造专业的团队，企业只是泛泛而为，几乎走不好互联网转型这条路。

在信息社会中，顶尖人才团队和普通人才团队的差距已经不再是一倍或者两倍了，而是十倍甚至百倍。

我这里说一个小故事。

当年，雷军创办小米的时候是怎么建设团队的呢？

据雷军回忆，他当年筹建小米的时候，第一个想法就是打造一支最强的团队，他花了四五个月的时间去寻找优秀的人才，最后找到了 7 个很牛的合伙人，7 个人都具备非常牛的技术背景，平均年龄 42 岁，有非常丰富的经验。因为相似的背景和经历，7 个人理念非常一致，而且充满创业热情。

尽管有了这样一支猛虎一样的团队，雷军还是每天花至少一半的时间去物色人才。

为此雷军还说了一句话：如果你招不到人才，是因为你投入的精力不够多。

所以好的团队就像复制了一批像自己一样操心公司的人，有 1 个人操心公司，公司能发展到 5 个人；有 10 个人操心，公司能发展到 100 人；有 100 个人操心，公司很快就能实现全国布局。而操心的人，也终会成为公司的核心骨干与中流砥柱，核心团队才是一个公司的基石。

当一支强大的互联网团队建设起来了，它会反哺企业，让企业更高效、更完善。

在企业内部，互联网可以促使企业打破部门之间的界限，把相关人员集合起来，按照市场机制去组织跨职能的工作，从而减少企业的管理层和管理人员的数量。企业到底是围绕业绩增长去做管理，还是围绕解决问题去做管理，这是两种完全不同的思路。围绕业绩这个核心目标，容易凝聚人心；围绕问题解决，问题似乎永远解决不完。业绩增长是可以解决许多问题的，所以发展中的企业问题很少，因为大家有目标、有成长、有绩效，停滞或衰退的企业，看得见的都是问题。

而优秀的团队文化，也能够增强员工的参与感和责任感，提高了决策的科学性和可操作性。

在团队思想上，强调创新、高效；在团队管理上，注重各环节的协调、配合和并行工作；在团队文化上，强调企业领导者的协调、服务，着力培养企业员工的团队精神，增强企业的凝聚力；在团队任务方面，强调以客户的需求为中心。这样无论是外聘，还是内部培养，人才都不会成为瓶颈。

世界零售巨头沃尔玛从一间零售铺面逐渐发展为国家连锁店，由小到大，由大到强，就是通过卓越的管理团队逐渐拉开了和竞争对手的差距。

现在的时代，是开放的时代，没有哪一件伟大的事是一个人独立完成的，团队精神是零售店的精神支柱。传统企业要会打造有互联网基因的团队，专业的人和团队更能做好专业的事。

六、想要完美功能

市场不是我们的，只有机会才是属于我们的。但往往很多企业以为市场永远是他的，会一直在那里等着他。所以很多企业不是被市场淘汰，更多的是被时代抛弃。

——汪朝林

在现实中，经常会碰到这样一些人，当你告诉他们，要赶紧把实体店互联网化，趁现在要把握机会时，他们不是回答"等弄明白后再说吧"，就是"等条件成熟后再说吧""等技术更完善一些吧"。

有些传统企业家，明明已经看到互联网的趋势了，但总想一次性到位，于是在心里给自己催眠，告诉自己再等等。

马云就曾做过一个演讲，题目是《不要等到一切都成熟之后才去做，因为没有你的机会了！》。

马云在演讲中讲了一个渔民的故事：

一个渔民，有一天摇着船出去捕鱼。他一边摇船一边仔细地观察水面上的气泡，他父亲曾经告诉过他，如果水面上的气泡很多，那就说明水里有鱼群。突然，他发现了一片看起来很像他父亲经常跟他描述的鱼群气泡。于是，他就拿起渔网准备撒下去。可刚要撒网，他心里却又开始打鼓了。他觉得在尚未弄清楚水里到底有没有鱼群前，是不该胡乱撒网的。

可怎么才能真正地弄清楚水里到底有没有鱼群呢？为此，他决定跳下水去看个究竟。当他潜到水底时，他发现那里确实有一个很大的鱼群，于是就立即爬上船来把网撒了下去。可等他把网收上来时，却发现渔网里空空如也，鱼其实早就在他下水查看时吓跑了。

这个故事说明，失败者之所以失败，是因为总想等一切成熟后再行动。

互联网永远没有成品，都是半成品，"快"才是互联网时代下的核心。所以，互联网功能也不可能完全成熟，因为技术永远是在不断更新，而且永无止境的，我们也等不到功能最全面的那一天，否则没有等来最成熟的技术，却失去了市场。

我在讲互联网思维那一节的时候，有一小节讲的就是"迭代思维"，迭代思维是什么意思？就是不断试错，然后不断提升和创新。小米和微信就是典型的例子，我在之前的章节中已经讲过了。

这样的案例太多了，丁磊在创建网易时，难道就已经什么都看清楚了吗？王兴做美团时，那时候的美团跟今天一样吗？如果滴滴不抓紧投入市场，现在已经是其他网约车软件的天下了。当然，他们也想尽量地多掌握些情况，也希望能够多一些有利条件，但他们更知道，不能等条件成熟后再说，因为那时候已经没有他们的一席之地了。

互联网时代的勇士总是只要有一丝生机就敢投入进去，与其说是因为他们超强的能力带来的成功，还不如说是因为他们身上的一股冲劲。

就好比合伙做生意，生意没有 100% 的成功，在一开始局势还不太明朗的时候，有些人会在基本掌握了一些情况后，就立即凭着直觉和判断加入，这类人可以说是有魄力的。当然他们也不一定知道结果如何，但他们明白一个道理，在商业上，有 100% 的把握就等于没机会。

而这个时候，你犹豫不决，觉得一切都还不成熟，于是不加入，等到肯定能够赚钱了才加进来，天底下还会有这么好的事情吗？

永远不要等功能最全、技术成熟的时候再去做互联网，机会是不等人的，边学边做才是最快的。

真正把事情做起来的人，他的思路是"这件事我一定要做，缺什么东西，我在做的时候再想办法去争取"；而什么都做不起来的人，永远在等待条件成熟。

改革和创新的风险往往是因为外部条件不成熟，但是，伟大的改革和创新往往都是在条件不成熟的时候做出的，因为等到条件成熟了，大家都蜂拥而上，你已经没有机会了。

互联网的技术进步是非常快的，因为现在的信息革命按照摩尔定律是指数级的。但实体企业在互联网的转型实施中，技术的熟悉、工具的使用、方案的配套、流程的改变、团队的磨合却需要更长的时间。在实践中我们往往发现，一开始我们的系统是 1.0，客户团队水平也是 1.0，但当我们的技术进化到 5.0 的时候，客户团队水平依然还是 1.0。

当然，基于开发速度和个性需求，也有一些大中型企业想要成立自己的技术开发团队，独立开发系统。目前来看，企业自己开发，成功的个案并不多。因为要具备以下条件：首先要有既懂行业属性又懂技术开发的团队。其次是投入的决心和预算要大，不可半途而废。因为技术开发是永无止境、持续迭代的。只要是慢一点就是慢一年，所以投入和产出比要核算清楚。所以更多的企业是选择让有实力的技术开发公司实行系统订制。最后就是技术的实现和落地应用要有长期实施的准备。功能不等于业绩，功能只有结合应用才能实现效果。互联网发展永无止境，只有先用起来的那批人，磨合了组织，磨合了团队，磨合了流程，新功能出来时才更得心应手。因为技术的进步速度会大于人的执行速度。

新时代的到来，不是大鱼吃小鱼，而是快鱼吃慢鱼。

七、担心数据安全

有些企业也想转型，也认可未来的趋势，也认可平台的技术，却往往担心数据安全而裹足不前。有些人是担心没效果而停滞，还有一部分人是担心未来可能出现的事而惴惴不安。

只要做互联网转型、信息化建设，就一定要数据化，我可以肯定地说，今天的数据比以往任何时候都要安全。从线上流量入口（微信企业号为代表）、云储存（阿里巴巴为代表）、第三方技术开发平台、企业自身到政府立法，各个层面都在保护数据安全。

今天各个企业的互联网都要用微信的企业号和小程序，粉丝只能进，除非粉丝取消关注，不然粉丝的信息都不能被任何机构"导出"。如果各个企业号的粉丝的信息都能被自由地导进导出，那岂不是天下大乱？腾讯公司根本不可能允许这样，不尊重用户的隐私和选择，这在任何互联网平台都不成立。各个企业以自己的营业执照申请的腾讯企业号，所有权就是这个企业的。用户关注了企业的企业号，就代表用户主动连接了这个企业，需要这个企业的服务。只要用户不取消关注，这个企业就可以发推送给这个用户。

阿里云现在是全球三大云平台之一，大多数中国的企业都用阿里云的服务器。知名的企业有中国联通、中石化、中石油、微博、知乎、锤子科技等，这么多大企业、大品牌选择了阿里云，就是因为阿里云存储的稳定性和保密性。相比现在传统企业使用硬盘存储数据，阿里云可靠得多，而且企业在硬盘的维护、扩容、防盗、防火、防病毒等方面的投入要比阿里云大得多。中小企业现在用极低的成本使用阿里云存储，完全是得益于信息技术的快速发展。

第三方技术开发公司更加视客户数据安全为企业的生命和使命。企业付费给第三方技术开发公司，安全肯定是第一位考虑的。如果第三方公司无法保障客户数据的安全，企业不付费，最终让第三方倒闭。这种事情非常容易想明白。

企业自身在信息化建设过程中，都对企业内部的使用人进行了权限设置。不同的人有不同的查阅、修改、录入等权限，而且在阿里云存储，数据不能导出复制。

最后一条是政府立法保障数据安全。任何单位和个人，都不能非法买卖用户隐私和数据。最近新闻里都有中介行业的不法分子倒卖用户信息，因此被追究刑事责任，这正说明政府层面越来越重视对数据的立法保护、违法追究。

总体来说，现在企业的数据都在层层保护之中。当企业在市场生存都成问题的时候，还在担心未来的一个小概率事情，完全没有必要。

八、对"人、货、场"核心认识不足

"零售终将回归本质。"

在智慧零售概念流行开来的时候，有不少业内人士提出了这一观点，而零售的本质，正是"向消费者出售产品或服务"，即"卖产品"。

在这一过程中，"人"是消费的主体；"货"是交易的内容；"场"是交易发生或是获客的场景。在传统的实体零售中，商家的关注点还停留在"人与货"之间的联动，即等待客人来了，再把货物卖给他，随后交易完成。即使有促销活动，也不过是"打折、跳楼价"，依靠"货"本身的高品质、低价格属性来吸引"人"。

我们熟知的传统百货商店、小区门口的小店、街边小超市，大多都处于这一阶段。然而，这些业态，最终被商业综合体、连锁便利店、智慧零售超市所替代或是迭代升级。这种"推陈出新"的背后，正是由"人与货"向"人、货、场"转变的体现。

首先，"场"的功能日趋重要，它不仅是交易发生的场所，更是为获客做准备；它不仅意味着线下，更意味着"线上＋线下"的联动。例如，街边小超市交易仅在实体店完成，店主不会意识到投入打造消费场景对吸引客流的意义；而对于盒马鲜生来说，它可以通过线下的购物甚至餐饮的体验，吸引客人去线上下单获得外卖配送。

同时，在消费升级的背景下，许多消费者除了购买商品，还更加注重店铺的"用户体验"甚至"仪式感"。尤其是年轻的消费者，在意的不仅是"吃得饱、穿得暖"，还会愿意付出更高的价格，去一些"网红店铺"拍照打卡甚至排队。如果一家线下实体店能通过营造新颖的消费场景，再借助网络营销吸引客流，就能从"被动获客"向"主动引客"转变。

其次，"人、货、场"不再是割裂的环节，而是能通过"线上＋线下"串联起来。在传统百货商店，一旦客人走了就不会留痕迹，店主无法判断此人的消费习惯如何、对商场的黏性如何。而现在不少商业综合体，则可以通过商场的"会员制"，用大数据记录每位消费者在各个场景驻足停留的习惯，以及对各个商品的下单情况，从而描绘出"用户画像"，再根据不同画像的人群量来调整品牌和品类。

另外，当"人、货、场"做到三位一体时，许多传统行业也能衍生出跨界的脑洞。例如餐饮，传统餐饮自然会考虑到租金、门店、食材等一系列因素。但是像牛扒领域的"彼得家牧场"，既有入驻商圈的高端西餐品牌"彼得家厨房"，又有一些以极小的门店遍布商场地下一层的"彼得家牧场"，可让人直接打包带走，无论是"堂食"还是"打包""外卖"都能实现。

因此，实体门店要意识到"人、货、场"是一个联动的整体，尤其需要明白"场"的概念不仅是买卖的场所，还可以是一个打造用户体验、吸引客户黏性的消费场景。既然"人"是一切消费的主体，那么企业围绕"人"这一目标和主题，更应明白，"人"对"场"的偏好可以转化为对"货"的认可；"人"对"货"的购买则可以通过不同的"场"来实现。同时，线上的大数据更能记录人对"货"与"场"的偏好，以更好地做改进提升，最终服务于"人"本身。

就拿前段时间"打"得火热的奥克斯和格力举例。

在2019年的"618"购物节中，奥克斯在京东的家电门类中，依然稳居销量冠军，其次是美的、格力。去年，奥克斯"双11"全网销量突破20亿元，坐稳了空调单品销售的头把交椅。

早在"618"之前，格力与奥克斯的"阻击战"已经打响。双方在舆论场上你来我往，较量了多个回合。

为什么奥克斯的崛起会让格力如此在意？原来，奥克斯在线上的"低价"战略已迅速抢占了以二三线城市为主的空调市场，被称为空调界的"拼多多"。2019 年 2 月，奥克斯邀请明星黄渤作为代言人，打出了"互联网直卖空调"的战略，向消费者传递"厂家直销到终端，没有层层代理加价"的理念。

据报道，2019 年，奥克斯空调将智能制造、智慧零售、智能产品、智能服务进行全面打通，构建从工厂直接到家庭的高效营销网络。

同时，奥克斯还在通过 O2O 转型重构"人、货、场"的关系。

在线下，进一步强化"网批模式"，整合信息流、资金流、物流、服务以控制成本，即以"批发价"让利给经销商，再通过线下门店的体验与服务，在以都市白领为主的目标客群中营造良好的口碑。当这些用户在实体的"消费场"中提升了品牌认知，就有极大的可能向线上转化为公司的"客户"，再通过"互联网直卖"的批发价淘到实惠的空调。

这一点，便打破了格力等传统空调品牌专注于实体零售，让经销商"交钱进货、收钱卖货"的模式。换言之，假设一台进价为 1000 元的空调，格力经销商将以 1800 元的价格销售，在这一过程中，只有"人与货"的双向关系，消费场的概念并不明确。

然而，一旦这种模式受到"互联网直卖"的冲击，一旦消费者发现只要花 1200 元就能从奥克斯买到性价比更高的空调，无论是经销商还是格力，必将面临巨大的库存压力，最终不得不以"骂战"形式向竞争对手施压。

虽然商家之争并不鲜见，但格力与奥克斯之争还给我们带来了另一个启示：传统企业只有通过互联网思维，革新盈利模式，对"人、货、场"的构建有完整认知，才能找到生存之道。

未来珠宝金店的"人、货、场"，是线上线下的全景融合，是人与货之间的信息流、物流、资金流的万般变化组合的"场"，也是线下服务体验的"场"，同时也是消费者在节假日、纪念日、生日等时间馈赠礼物、自我犒赏的"场"。数字化的、动感化的、情景化的"场"，是让商家产品和消费者发生连接、交易的场景。未来在造"场"这一领域的竞争将会是下一步胜出的关键。

九、不了解营销闭环

传统实体店的服务流程基本是迎宾、问候、介绍产品、异议处理、成交和售后。

移动互联网时代，引流、转化、成交、锁客、复购、裂变，是互联网营销闭环的六个环节。

在传统实体店中，商家只需要从批发商或厂家手中进货，再将货物从线下卖到消费者手中，就完成了交易环节，店家某种意义上只完成了"成交"一个环节，相当被动。

"引流"，是指将潜在目标客户的注意力吸引到自身的产品之上；"转化"，指的是将目标客户的每一次关注与点击，转化成实实在在的交易倾向。这两个环节，就好比从"看到你的网页界面"到"点击产品并加入购物车"。

接下来的几步，"成交"的定义自不必说。在传统实体店中，一次成交就已基本完成终极目的，而在互联网思维中，接下来还有更多的环节。"锁客"的定义是，将一位消费者转变为店铺的"客户"或"粉丝"，而增强黏性的"复购"和"裂变"则是它的延伸。

值得一提的是"裂变"这个环节，它主张每一位客户作为店铺的粉丝，主动将一款产品推送给更多的人，"一传十、十传百"。近期，除了淘宝、天猫、京东等传统的电商平台外，社交电商已成为风口。

例如，"拼多多"的兴起，正是"裂变"功能产生的结果。当消费者发现只有和他人"拼团"才能享受低价时，自然会主动将其分享给亲朋好友一起"省钱"，这就相当于为产品免费地做了一次广告。除了"拼多多"的模式，以"云集""贝店"为代表的会员制电商，更是以"推销了一款产品后能获得返利佣金"的形式，为众多微商赋能，让裂变创造出"一小时卖十万款产品"的销量奇迹。

实体店主仍需认识到，涉及这六个环节的线上营销手段，不仅能助其获得一定规模的销量，还有利于产品的迭代更新。这是因为，直面消费端的数据，可以用事实告诉店主究竟什么产品才"适销对路"：同样一个珠宝首饰，究竟哪款颜色卖得多？什么功能最火？什么品质级别、重量和价格最受青睐？客户究竟是什么年龄、什么身份的人？……有助于企业更了解他们的客户，而这正是传统实体店做不到的。

然而，要想在这六个环节都做好做精，仍需要很多的时间、精力甚至金钱的投入，需要通过一系列的活动营销策划和数据分析。

这就需要实体店经营者有决心、有魄力做出转变。

瑞幸咖啡上市之路就是一个营销闭环的绝佳案例。

2019 年 5 月，瑞幸咖啡成功在美国纳斯达克上市，在 IPO 前，瑞幸咖啡在获得 10 亿元的天使轮融资之后，分别获得了 3 轮共计 5.5 亿美元的融资。瑞幸的崛起也不乏争议，但更多的人认为，它改变了星巴克等传统咖啡店的模式。

我们来看一下瑞幸在"引流、转化、成交、锁客、复购、裂变"上的一套打法。首先，瑞幸采取的战略是迅速把店铺开至全国，以达到引流的目的。公司 CEO 钱治亚曾在接受采访时表示："我们会坚持快速扩张，目前不考虑盈利，通过降低门店成本、获客成本提高品质。"

截至2019年4月，瑞幸已入驻全国41座城市，开业门店达2400家。

在成功"引流"之后，下一步则是发放一系列的优惠补贴，实现"转化"与"成交"。瑞幸咖啡不仅和中信银行、浦发银行、光大银行等各大机构联合发放优惠券，还经常在官方微博、微信里发放"5折券"等优惠券。按照一杯瑞幸咖啡标价27元来算，实际由消费者买单的花费可能平均仅不到20元，同星巴克相比非常便宜。

更值得一提的是，瑞幸咖啡一直有意识地将客人向"会员"转化，增加复购率。例如，瑞幸咖啡只支持线上下单，即每一位有意向购买的客户都是瑞幸App或小程序的客户。线上商城一直有"充2赠1"的活动，用实际为6折的价格鼓励客户充值后再多次购买。

杨飞在《流量池》一书中就提到，瑞幸的思维不是"流量思维"，而是"流量池思维"，即通过留存流量来持续运营，再获得更多的流量，以形成"裂变"。相比较传统的广告投入，瑞幸咖啡非常强调社交属性，通过用户补贴来激发老用户分享给好友，用"新人免单，邀一得一"的方式，以及发放微信裂变红包给好友的形式，来获取更多新客户。

在获得新客户之后，瑞幸则不断地在品牌意识上下功夫，不断地重复这六个环节的"闭环"。比如，通过张震等明星代言，以及和赛事活动、电影游戏的IP合作，让"小蓝杯"的品牌概念深入人心。比如，不断推出瑞纳冰、小鹿茶、轻食等新品，既引爆各大媒体对瑞幸的关注度和话题，又满足消费者更多的需求以增加黏性。

回头看瑞幸上市这两年，虽然大家经常将其与星巴克做类比，实际上，它已经实现了与星巴克的差异化竞争：走传统模式的星巴克，将咖啡馆变成社交空间；而走互联网模式的瑞幸，满足的则是都市白领更多元化的饮品需要。

第二节　挑战 or 机遇

> 人的决策思维最容易犯两个错误。一个是安全思维。一遇到问题，自动就想进入安全模式保障自己，却不考虑风险中的机会，所以企业越做越小，因为什么都不做就是最安全的。另外一个思维是短期思维。做什么事情先考虑短期获利是人的自动思维，却不知大多数人都是这么想的，大多数人都去做的事情，根本就没有红利。做对的事情，做需要时间积累的事情，时间一长，这件事的时间复利就大，这才是门槛和壁垒。
>
> ——汪朝林

最大的贫穷是思想的贫穷，具体表现为：不愿付出，只想索取。

最大的落后是观念的落后，具体表现为：不愿学习，害怕改变。

最大的懒惰是思维的懒惰，具体表现为：不思进取，得过且过！

有一篇文章叫作《互联网时代中的穷企业家和富企业家的思维》，这个"穷"和"富"不是指现实资产的穷富，而是指思维的"穷"和"富"。

这篇文章里说道，当互联网时代的"穷"企业家想尽办法，花很多的钱在做销售，很努力地想跟其他竞争者去争取更多顾客的时候，"富"企业家却能用很轻松以及很多人自愿为他推荐的方式，很容易就争取到了很多潜在的顾客。

文章里提到了一个在互联网时代下的成功企业家的故事，这个企业家在还没开始做电商生意的时候，就找技术公司开发了一个系统，从如何获得客户、有效成交到让客户变成终身客户、高效服务客户，都一一设计完成。这时候，其他企业家还在苦苦寻找顾客，等待客源。

于是，互联网时代的"富"企业家们拥有了系统，完成了互联网化，而"穷"企业家们成了别人游戏规则中的一分子。

互联网时代，实体店既面临着挑战，也面临着机遇。实体店运营者要想抓住每个有利的机会，仅仅依靠旧思维，从成本和销售额来考虑是远远不够的。只有积极利用互联网思维，打造智慧店铺，才可以借助互联网和大数据的帮助创造更好的业绩，让实体店的运营和管理更加高效，也为消费者提供更优质、更人性化的产品和服务。

向互联网转型，这早就被说烂了，但是直到今天，依旧关乎实体企业的生死。

对于企业来说，转型有两种。

一种是被迫转型。这种是非常痛苦的，当企业的问题集中到完全不能解决，生死存亡之际，倒逼企业进行转型，这种转型的成本很大，但这是生死抉择，没有办法。

《周易》里提到：穷则变，变则通，通则久。意思就是说，当你陷入困境，只有变通才能长久。

放在互联网时代来说，就是唯有转型，才有出路。

另外一种是预见式转型。这就要求企业领导有非常强大的战略洞察能力。比如当年 IBM 把 PC 业务卖给联想，就是在 PC 机快不值钱的时候提前卖了个高价，IBM 提前完成转型，非常成功。

我们现在许多中小企业，大多都是在互联网的冲击下，被迫转型的。对于传统实体店而言，互联网并不是灾难，虽然对大多数五六十岁的传统企业老板而言，存在着很大的挑战，但也蕴藏着极大的机会。互联网消除了时间和空间的限制，提高了传播和销售效率，已经成为一种商业和经济的基本元素。

越是前途不确定，越是需要去创造，互联网时代的到来给千万家传统企业提供了千载难逢的机会，虽危险重重，但也机会重重。

传统企业向互联网转型，首先是思想意识的转型，其次为组织机构的转变，促成商业模式的重新塑造，以彻底完成"以客户核心价值为中心"的价值创造体系重生，从而最终赢得企业核心竞争力在移动互联网时代下的凤凰涅槃。

2019 年，或许会是更加严寒的"冬天"，又或许会迎来生机。不过，在寒冬中很多珠宝企业盈利艰难，必然是缺少一些成功的要素，只有经历过行业洗牌、经历过寒冬的企业，才是真正懂得结合互联网的企业。

互联网是这个时代赋予传统行业的一项有效技术，但这项技术需要有一个承载的落地点，而这个落地点很多时候需要经营者和全体执行者的认知和行动力。

今天，市场不会等你犹豫。先做起来，你就干掉了 50% 以上的竞争者。

因此，积极拥抱变革，敢为人先，才是实体企业抵抗市场风险的最好办法，珠宝行业更是如此。

第五章

智慧门店系统：
打造飞起来的移动店铺

趋势创新或许有天马行空的部分，但可以大胆肯定的是：智慧门店系统会逐步演进，为企业，甚至产业生态注入活力，珠宝企业应该看到趋势迎上潮流。

2003 年至 2013 年，是珠宝行业的"黄金十年"。10 年间，珠宝行业零售额每年的增长几乎都在 20% 以上，巨大的市场增长造就了无数畅销品牌和销售神话。

现在，珠宝行业零售额趋于稳定，增长几乎停滞，珠宝市场趋于饱和，各商家竞争压力剧增，成本控制失调，不少珠宝商不仅销量减少，净利润也下滑严重。

2018 年，珠宝行业社会总零售额出现了加速下滑的趋势。销量与利润下降，似乎整个珠宝行业进入了"冰河期"。

这是否意味着珠宝市场已经达到饱和？

珠宝行业未来的发展又在何方呢？

珠宝行业下滑的问题根本在于珠宝产品供需结构性失衡，珠宝消费者深层次的需求未能有效激发。

通俗地说，就是生意难做，关键在于客户少，门店流量不足，同时，商家与客户之间未建立更紧密的关系，不能保持持续有效的互动。商家无法吸引客户，无法留住客户，无法让客户多次消费，更无法用客户来吸引客户。一切的根本都在一个"客"字，在现在的互联网经济时代，就是我们第一章讲的"流量"二字。

如何为珠宝实体店创造流量？

如何把流量变现？

当我们把视角放回珠宝实体店铺上，发现当下的珠宝店难以创造和经营流量，传统珠宝店的经营方式正在失效，客源正在减少，会员难以留存，这都跟实体店落后的经营系统息息相关。

尽管有些珠宝企业意识到互联网营销的重要性，但是底子薄，力不从心；还有一些企业对互联网营销的理解具有片面性，有短期投机心理。

传统金店经历了自然客流——流量枯竭——互联网引流三个阶段，面临互联网变革的趋势，很多金店老板却仍然还在驻足观望。

珠宝环境脱离了野蛮增长的黄金时代之后，许多人都曾认为自己是强大无比的，因为他们开创了无数个销售额在亿元以上的珠宝市场。但其实是黄金时代造就了他们。

珠宝行业的井喷式发展，掩盖了大量珠宝营销方式的不科学与不系统的事实。而当潮水退去，大家的技能在这个市场上接受真正的检验之时，这些问题就暴露出来。

珠宝零售再没有什么单独的一招一式能够帮助企业走出困境。过往的营销的很多"一招鲜，吃遍天"的技能在今天会失效。当下的营销是一个系统、科学的方法论，是一整套关于市场竞争和用户经营的价值系统，是一套正确方法论指导下的组合拳，现在如果不具备一个科学的、系统的方法，在诸多变量中综合考量，是没有办法帮助企业走出困境的。

我们在第三章的第三节讲到，每一个传统行业都需要一个技术平台支撑，珠宝行业同样也是。打破传统的束缚，用智慧的方式管理店铺、经营客户，让实体店走上智慧零售之路，需要属于珠宝实体店的智慧门店系统，本章节将重点介绍珠宝店如何通过智慧门店系统重构"人、钱、货、客、场"，如何通过技术平台进行赋能，解决珠宝店的销售问题和管理问题，为珠宝实体店的经营发展创造更多的可能。

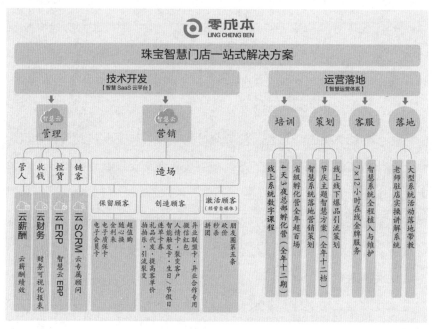

智慧金店全方位管理"人、钱、货、客、场"

值得一提的是，本书的第一章到第四章从流量入门，讲到商业的发展趋势和传统实体店的困局，都是集中在互联网的认知、思维和概念上，旨在分析目前的商业业态，为大家理清传统行业的现状，并分析一个刻不容缓的趋势：珠宝实体店必须做出改变！但以上皆属于理论部分，仅仅如此还不足以成为实战技巧。

　　传统珠宝零售业面临着改造升级，新技术、新产业、新业态、新模式不断出现。信息化、数字化、云计算是数字化转型的核心。

　　在接下来的篇章中，我将重点介绍零成本科技公司为客户服务的真实实践。从功能、工具、方案、落地等多个方面，详谈珠宝实体门店转型的具体应用。这本书之所以称为实战技法，就在于它是对实践的总结，并不是突出强调零成本科技的优势，而在于抛砖引玉，让读到这本书的人用更广阔、更立体的思维推动珠宝门店的智慧转型。我们用零成本科技做珠宝零售门店系统技术解决方案时，也经历了许多零售业都会遇到的坎坷和曲折，相信这些成功和失败，都能为读者提供借鉴。

　　通过数年的实践研究，重点辅助珠宝实体打造归属企业自己的"流量场""超链接""角色＋场景＋内容"等核心新概念。以下小节是零成本科技对珠宝行业的具体实践经验，希望对读者有所启发和帮助。如果不是珠宝实体店的从业者也可参考，因为智慧零售思维与手段都是互通的，了解零成本科技系统的功能模式，也可以帮助大家思考，并在各自所从事的行业借鉴使用。

第一节　让门店变得有智慧

所有的行业，从互联网角度来看，都值得重新做一遍。

如今的珠宝商家大多数经历过流量红利的时代，2013 年之前，在渠道为王的商业环境下，珠宝商的生意可谓是日进斗金，经历过那个时代的人都知道，那时候的生意太好做了。20 世纪 90 年代，零售商当时去进货，当天晚上进的货过几天就被抢光。基本上只要店家找好厂家，保持稳定的货源，开店就能赚到钱，我们熟知的一些珠宝品牌，不少都是从那个年代发展壮大的。

这是第一个阶段，产品即流量。

在珠宝市场还未饱和的年代，无数企业家进入珠宝行业，抢占各地珠宝市场。商品的流通主要依靠渠道，企业偏向于在用户进店时转化，不太重视用户的运营和管理，流量的获取只能靠线下，但是却能赚钱。哪个企业的店开得快、开得多、开的位置好，哪个企业就能盈利！

这是第二个阶段，渠道即流量。

当竞争日益激烈的时候，消费者的选择变得很茫然。面对商场和商业街，几十家千篇一律的珠宝店面，招牌相似，形象也相似，产品也相似，消费者无从下手。于是有些企业开始从各个方面做差异化改变，同时在央视媒体、地方媒体投入大量广告，让消费者知道这个品牌。这给品牌带来知名度和美誉度，所以加盟商纷至沓来。

这是第三个阶段，品牌即流量。

珠宝门店竞争对手日益增多，大家都认为珠宝行业不赚钱的时候，店还是越开越多。

珠宝门店发现客人开始越来越多地货比三家，于是赶紧促销打折，吸引顾客进店。但同时发现进店留不住，转化率、成交率低。门店销售人员的素质、士气、技能越来越重要。所以花费重金请顾问提升内部管理效率，提升销售能力和服务水平。重点在于内部人员的提升上。

这是第四个阶段，服务即流量。

当然每个阶段的时间不一定很清晰，但每个阶段吸引客流的核心手段却有分界线。正确的时间做了正确的事情，自然享受到了时代的红利。但是红利不代表能力，选择红利的眼光才代表了能力。

在移动互联网时代，社群营销即流量，把握这个红利的企业才能够活得很好。

当下，珠宝行业的竞争越来越激烈，自然流量早已被瓜分。珠宝市场的蛋糕就那么大，分给实体店铺的蛋糕越来越小，商家怎么可能还吃得饱？传统珠宝商如果继续坐等客来，不做出改变，将被拥有更先进模式的同行所淘汰。

前文我们谈到了珠宝市场的萎缩，但事实上，我国的零售业消费水平在逐年增加，而且近几年社会消费品零售总额的增长都在 10% 左右，相比之下，珠宝行业的社会总零售额却有所下降，这是什么原因呢？

一方面，珠宝黄金并不是刚需，随着消费人群的年龄分层，很多年轻人对传统珠宝并不是很有兴趣；另一方面，跟珠宝行业因循守旧、没有及时转型有关。如果你做过调查，就会发现，很多不是大品牌的珠宝小店销量竟然还不错，有些甚至是爆款产品，引发了一轮消费潮流，这也说明珠宝行业市场的潜力仍然巨大，要改变的是我们自身。

近几年，大型企业入驻电商平台后取得了一定的成功，但这种成功不可完全复制，天猫、京东这些网络平台虽然流量大、平台大，但入驻成本和推广成本高、竞争激烈，中小企业难以在这个巨大的流量池里有所作为，每一个中小珠宝企业更应该学习的是"珠宝门店＋互联网"模式。

资本的力量虽然强大，但科技的力量也为中小企业的发展带来了无限的可能。如今的实体店经营踏入了智慧门店的时代，各行各业都加入了"流量经济""粉丝经济"的竞争之中，随着科技的发展、社交网络的普及，任何一家珠宝商都可以用较低的成本加入到崭新的市场竞争环境之中。

因此，实体店一旦有了正确的策略和发展方向，一定要少一些犹豫、多一些果断，要敢于行动，要比别人快一步。也许就是这么一步，决定了市场竞争的输赢。在互联网带来的实体店改革风浪中，只有改变才能成功，才能继续在珠宝行业中生存壮大。

每一个珠宝商家都需要抛下过去的经营理念，创立属于自己公司的私域流量池，这不仅是大企业的线下竞争之道，也是今天中小企业解决销售难题的一剂良药，转型为智慧门店，才是解决当前销售与盈利问题的重点。

一、智慧门店系统

马云说过"不是生意越来越难做了，越难做的时候越有机会，关键是眼光"，当许多传统商家都在抱怨生意难做的时候，不少有远见的企业家利用新科技、新技术发展了起来。不是今天的生意不好做，而是传统商家需要改变思维方式、改变营销方式，同时，还需要一套完整的智慧门店系统。

过去的珠宝门店系统靠人力、靠脑力，如今，移动支付渗透到我们的日常生活之中，应用场景和信息传递方式都发生了翻天覆地的变化，传统的营销方法完全失效，实体店铺无法高效率地运营。从 2008 年至今，传统零售业发生了翻天覆地的变化，互联网巨头极大地挤压了传统零售行业的生存空间。但近几年，随着智慧零售和智慧系统的兴起，传统实体店铺又有了翻身的可能，智慧零售系统正是解决商家难题的关键钥匙。

什么是珠宝智慧零售系统呢？

珠宝智慧零售系统是将全球领先的 SaaS 模式导入珠宝门店，利用移动互联网、云计算、大数据技术，聚焦于"智能化管理＋数字化营销"两大核心价值，专注于构建珠宝智慧零售云平台，专门为实体商家打造的门店新系统。

以消费者为中心，智慧门店系统重构实体门店"人、钱、货、客、场"的传统运营方式，对珠宝 ERP、薪酬绩效、OA、财务收银、SCRM（链接式会员管理）、场（创造客户、保留客户、打造自媒体）等传统运营环节进行全方位改造升级。

依托移动互联网智能数字云科技，致力于为传统门店打造全新的"顾客终身价值体系"。全面为珠宝零售企业品牌升级、技术创新、渠道融合、会员管理、数据分析、精准营销提供云解决方案，达成"管理减负、营销增效"两大客户核心价值。总之，智慧门店系统是一套集合各种现代"黑科技"的智能系统。通过智慧系统，珠宝商家能重塑实体店的商业价值，解决实体店经营的难题，下文我们将从"人、钱、货、客、场"来一一介绍智慧系统为商家带来的革新。

二、零距离智慧云管人

如果把实体店铺比作一个家庭，拥有智慧门店系统，就如一个大家庭拥有了一个靠谱的管家。

过去珠宝店销售人员属于销售行业薪酬较高的人群，但销售人员随行业周期流失大、变动大，至今都是珠宝店人员管理上周期性的难题。一个店长往往要管理数十个销售人员，还要不断地重复培训新的员工，管理实体店铺不仅劳累，而且效率低下，相信所有珠宝店管理人员都深有体会。

如今，一个智慧系统就能管理和服务数百名甚至上千名销售人员。

智慧绩效管理系统正是针对珠宝店人员管理难题而开发的系统，此系统是基于多年的零售绩效管理研究实践经验，转化成的互联网数字化工具。将这样一套系统植入珠宝店日常管理，不仅能极大地便利珠宝店的人员管理，还能为员工提供一套智能化、数据化、人性化的绩效服务，科学的绩效管理能够最大限度地调起员工的主动性和积极性。

通过智慧绩效管理系统，珠宝商家可将自身的业绩目标逐级分解并关联到每一个员工身上，使门店目标从上到下更加有效地传导。珠宝商家可将店铺的目标计划根据实际工作分解成任务，并通过系统后台实时跟踪效益与员工销售动态。

使用智慧绩效管理系统，珠宝店管理人员可以在后台设置奖金提成、任务激励机制，并为员工自动排班，员工打开手机就能知道自己的工作目标和绩效。

同时，云管人还专门为门店研发了线上移动商学院，现在首批上线的是智慧系统功能的教材，接下来会逐渐增加其他内容板块，如珠宝终端专业知识、销售技巧、会员服务等。门店可以自主上传企业的培训教材和资料。以 PPT、视频、直播教育等形式，全面解决终端门店培训成本高、培训难度大的问题。云管人系统还开发出了员工培训后的考核机制，随时随地深化知识掌握，方便门店对员工进行考核分级。

三、零误差智慧云管钱

对商家来说，传统的财务系统主要靠专业会计的人力、脑力，不仅费时，而且人工成本高，容易出差错，建立属于珠宝店自己的智慧财务管理系统迫在眉睫。

对客户来说，新时代的顾客们，都逐渐适应了用移动端口支付的模式，传统的现金收银模式渐渐退出历史舞台。

智慧财务管理系统正是赋能珠宝店大部分财务管理工作的系统，用系统取代财务管理中的事务性工作，减少财务管理中不必要的环节，能大大提高珠宝商家财务管理的效率，并对传统收银系统进行数字化的升级，不仅收银功能更强大，更集粉丝录入、会员营销、门店财报分析等功能于一身。

通过智慧收银系统，珠宝商家可以随时随地秒速开单，并支持多种支付方式，开单之后，客户可以看到实名认证的店铺信息，这为店家增添了更加可靠的信誉。同时，收银商品也可进行挂单，不耽误任何客户的买单时间，买单客户也可在挂单结束后再提取商品，更加方便安全。收银结束后，手机客户端会收到快速反应的消息提醒，第一时间了解支付成功情况。

相对传统的收银和买单，智慧系统让商家收银无烦恼，也能让买家的买单体验更加轻松愉悦。不仅如此，强大的收银系统还能绑定买家，将买单的客户变成粉丝，成为商家流量池的一部分。

在客户购物成功后，即可在手机端领取电子会员卡，免去传统会员卡需随身携带的麻烦，而商家通过收银就能将客户纳入商家的流量池，为客户提供相应的积分服务、礼品服务、现金充值服务等，方便会员进一步了解商家信息，也方便商家对会员进行二次营销。

除了收银的便利，智慧系统还为商家提供管理和数据上的全面服务。珠宝商家可对收银进行抹分、抹角、四舍五入等设置，让数据更加清晰明了。同一个店铺，可以同时入驻多个收银员，店长可以对收银员进行统一管理，查看收银员的收银，针对每天收银支出情况，店长可以对收银账单进行核对，看清每天的实际消费情况，进一步便利了实体店铺的管理。

在智慧云管钱系统的协助下，珠宝店商家通过手机就可以在线实时了解店铺的营业额、当日盈利，以及查询每个店铺的日、月、季度、年报表，时刻了解店铺的经营情况，这是传统财务管理系统很难做到的事情，然而智慧财务管理系统能提供最及时、最快、最精准的财务报表。

总之，拥有一套专门为珠宝行业打造的智慧财务管理系统，珠宝商家能在营收数据分析、实时登记会员、一键购物结算、兼容各类系统、多元营销对接、云端操作应用上节省不少开支，并将商家的财务系统（如金蝶财务系统）与其他系统连通，实现商家全方位一体化经营的目标。

四、零压力智慧云管货

了解智慧管货系统，我们需要先了解 ERP 管理系统。ERP 管理系统是现代企业管理的运行模式，它是一个在全公司范围内应用的、高度集成的系统，覆盖了客户、项目、库存和采购等管理工作，通过优化企业资源实现资源效益最大化。

为什么珠宝商家也需要 ERP 系统？传统的珠宝商家拼优质货源，拼优质渠道，注重货品的量与质，但一直缺乏对珠宝货品的有效管理。纵观整个珠宝行业管理历史，珠宝商家存在着专卖店柜台盘点、库存管理、周转率分析、品类分析等难题。

过去的珠宝盘点工作几乎都是通过员工手工操作完成，珠宝产品体积小、数量大，清点工作进行起来非常困难。

同时，因为珠宝大都是高价值的产品，其各项指标和参数复杂且专业，而珠宝店员工更精通的是销售技巧，对珠宝本身却缺乏专业的了解，往往不能做到高效分类。

这种完全依靠人的经验跟能力的管理销售办法在很大程度上制约了珠宝业务的扩展和客户体验感的提升。

一个普通珠宝店的产品盘点工作，繁杂且低效，相信开过珠宝店的人都有这样的痛苦经历。低效率的盘点工作不仅增加了员工的负担，还会影响商家进出货的货品统计和销售计划。

在这种情况下，对产品的高效管理显得尤为关键。珠宝商迫切需要一种有效的技术手段，能快速、准确、简便可行地完成对货品的盘点工作，帮助企业及时了解各种品类产品的销售情况，完成公司管理层对各类产品市场接受的数据分析，并能对珠宝的状态进行实时监控，最大限度地降低珠宝丢失的可能，并提高产品的销量。

传统 ERP 其实是在做记录和流程，它是把所有的货品进、销、存记录下来，然后按一个流程去做事。而今天零成本科技的智慧 ERP 系统是在做创新和升级，是在做消费者的增长、数字的增长的统计，一方面是帮助珠宝店提升获取潜在客户的能力，另一方面提升转化的运营能力。

智慧 ERP 系统可以完全解决珠宝管理难题，帮助珠宝商家没有误差地管理货品。智慧系统可以创新打通、全面链接门店所有的运营系统，构建店铺智能大数据云平台，对每件金银珠宝的销售做到精准监控与优化设置，从而实现对所有商品进行有效把控，并方便各分店之间货品调换，提高周转率，降低无效库存成本。

运用智慧 ERP 系统，支持集团、总部、门店等多层级将每件珠宝数据化、电子标签化，商家随时随地可通过系统后台了解每件珠宝的销售情况和产品信息，更加方便安全，销售人员再也不用担心不熟悉产品，智能化的电子货柜可对门店货品进行实时管理和自动盘点，成为珠宝店老板和员工最得意的管理助手。

不仅如此，智慧 ERP 系统还可以方便商家实时查询热卖爆款，有效分析库存结构，智能计算货品周转率、补货周期、资金占用等，达到真正的智能配货。门店库存还能智能预警，自动生成补货计划，优化库存，减少无效库存成本，完全解放了商家和销售人员的双手和大脑。

可见，智慧 ERP 系统的运作流程是硬件设备融合所有业务并采集精准数据，线上后台对该类数据进行挖掘与智能分析，最后商家通过大数据分析结果进行有效的智能管理运用。

总之，智慧 ERP 系统覆盖了客户、项目、库存和采购供应等管理工作，通过优化公司资源达到资源效益最大化，并为珠宝商家进行多店连锁管理提供了最大的便利，实现商家零误差智慧云管货的目标。

五、个性化智慧云管客

客人关乎着实体店铺的盈利，管客就显得尤为重要了。

过去，珠宝店传统管客的手段非常低效，店家很少有效保存客户的个人信息，大都依靠销售人员个人的关系维持。这种管客手段依托销售人员的个人营销能力与交流能力，多用人情会客、管客，不仅无法有效地利用客户资源，而且如果销售人员离职，就会带走个人客户，造成客户资源的流失。

当今的消费者，更注重隐私，很少主动去留下个人信息，并且注重个性化服务，尤其是年轻客户，我们用传统的人情方式很难维系住。同时，当下的流行风潮变化快，客户的喜好让商家难以捉摸，商家难以将客户资源有效转化，智慧 SCRM 系统可以完美地解决这些问题。

SCRM 是管理学术语，意思就是链接式客户关系管理。企业为提高核心竞争力，利用相应的信息和互联网技术手段协调企业与顾客间在销售、营销和服务上的关系，通过一种更加稳定可靠的管理方式，为客户提供创新式的个性化的服务。管理的最终目的是为商家保存更多老客户，吸引更多新客户，同时，不断地将保留下来的老客户转变为忠实客户，增加可持续性的销售。

这些年，SCRM 市场一直处于一种爆炸性增长的状态，但是珠宝行业因为缺乏创新，不利用这种新型的技术服务，导致珠宝商与客户之间的关系越来越难以维系。

智慧门店 SCRM 系统涵盖了客户管理、销售管理、客户服务、商业智能等各项功能板块，可为商家提供移动超级会员、用户数据画像、智能消费表单、关联引流工具、销售漏斗部署、营销数据反馈、多元服务支持、会员自动营销、情感维系等技术服务，帮助商家更好地管理店铺，并提升客户的满意度。

过去，珠宝店管理客户就是保留一个电话或者地址，不仅不利于保存，而且除非客户主动上门，否则很难对客户进行二次服务。智慧SCRM系统能将顾客的消费路径、消费行为、会员信息、消费足迹等数据收集在系统后台，将客户信息进行数据化管理，并利用大数据整合能力，将数据进一步分析整理，标签式精准管理顾客，这些信息不仅方便珠宝商对客户进行管理服务和二次营销，通过生成客户数据和市场数据，还能为珠宝商家的营销活动加以计划、执行、监视、分析，为商家创造更合理的营销手段，为客户带来更多个性化的服务，实现智能运营、营销、服务体验等方面的优化升级。

过去，珠宝店用人管客，现在在智慧SCRM系统的技术手段支持下，可以说是用客人管理自己。我们用"今日头条"的例子来分析，现在的人们都爱使用"今日头条"，因为用户越使用它，它就越能为用户推荐有价值的、个性化的信息，这就是数据化下的完美客商关系，了解客户的喜好，精准营销。

未来，智慧SCRM系统将关乎每一个珠宝店铺的命脉，因为它直接影响实体店铺的销售业绩，它能为珠宝店的销售额、用户满意度、用户忠诚度、市场份额等硬核的提升创造更多的成绩。

六、互动化智慧云造场

造场造势是打通实体店营销的金钥匙。

每到周末和节假日，所有的珠宝实体店都用尽办法为实体店造场造势，希望在一些固定的时间节点、客流高峰期打开销售的大门，为门店带来更多的人流量。

珠宝店传统的造场方式主要依托在实体店铺内和商场内，依靠店铺和商场的客流量，很难让造场营销真正地传播出去，吸引更多潜在的客户。而且造场模式太过单一，主要依靠变着花样地搞优惠活动。这种方式也许可以吸引部分对珠宝有需求的中老年消费者，却很难吸引年轻人。同时，如今消费者的消费观念与过去不同，更注重体验和个性化服务，优惠活动不一定能满足消费者的需求。

总而言之，依靠传统的造场模式，实体店铺本身无法真正有效地触达消费者。

智慧云场景营销系统致力于为商家打造一套线上线下结合紧密、功能强大、划分精细的营销服务体系，为珠宝实体店的营销紧密布局，打破场景限制，打破时间、空间的间隔，为实体店铺实现"人与人、人与货、人与场、货与货、货与场、场与场"之间的无缝连接和精准匹配，为实体店营销提供全面赋能的服务和方案。

智慧云场景营销系统为珠宝商家提供超级引流解决方案、顾客召回解决方案、成交变现解决方案、销售倍增解决方案、会员唤醒解决方案、裂变拓客解决方案，是商家进行营销的得力助手。

针对黄金、钻石镶嵌、翡翠玉石等珠宝核心品类的销售，智慧系统能为珠宝实体店搭建专属的智慧云场景营销体系，并将订制的互动营销产品工具，植入珠宝店自有微信服务号，让顾客一秒变粉丝，形成黏性互动关系，提升进店率、成交率、连带率和复购率，解决全店引流、老顾客会员激活等终端运营问题，全方位实现智能数字化运营。过去的珠宝店铺就是一个固定的店铺，很难将营销辐射出去，有了智慧云场景营销系统，微信将成为珠宝商家另一个购物入口和引流工具。

依托于微信这个社交平台，定位买家用户人群，将所有的店铺粉丝进行数据化管理和分析，打造线上流量库和数据库。全方位地布局挖掘社交渠道的价值，为商家提供全面的营销服务，最终通过个性化的精准营销手段直击买家的内心，真正实现分层营销。

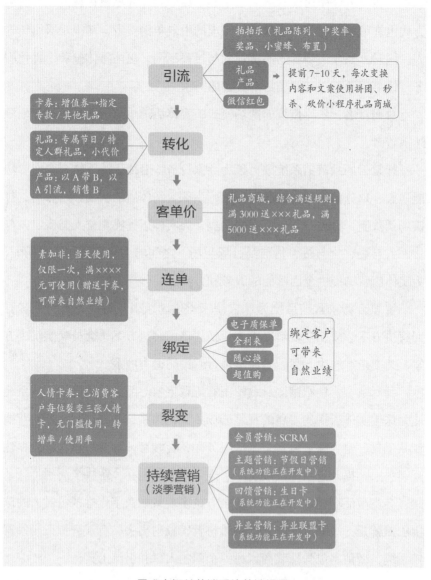

零成本智慧营销系统营销场景

第二节　打造有科技感的线下实体门店

> 一个能不断突破自身和行业天际线的企业，也就能够不断突破企业价值的地心引力。
>
> ——汪朝林

拥有了智慧门店系统，我们的珠宝门店也需要进行一番"装修"，打造出符合现代消费者时尚观念和消费习惯的科技感实体门店，打通实体店铺的线上服务和线下服务，为商家和消费者破冰，让营销最终变为消费者的买单。

近些年来，各行各业的零售门店都开始了智能化改造的进程，就连网店的大佬们也开始玩起了智能化的实体店铺，马云的天猫小店、无人超市、智能家居集合店等，都从线上转到线下。

近几年"喜茶""奈雪的茶"等奶茶店打着年轻时尚的口号成为众多年轻人的选择，成为爆款产品和网红产品，这些店最大的成功之处就在于互联网营销做得好。在这些网红店如雨后春笋般冒出来的 2018 年，马云也做起了奶茶店生意，变着花样与这些网红奶茶店竞争，还玩起了"智慧餐厅"的概念，被命名为"未来的茶"的智慧餐厅落地上海，这也是马云一直宣扬的新零售理念在茶饮实体店铺方面的首次落地。

这家智慧化的茶饮店的最大特点就是整个店铺无店员服务，完全依靠机器人智能化作业。顾客来到这家店面后，拿出手机通过扫码可以直接选择奶茶品类、大小和口味，并在移动端完成付款。两分钟内，一台机械臂会开始自动调配茶饮，并将做好的奶茶送到取餐柜，方便顾客取用。

这样的智慧茶饮店直白地体现了智慧实体店铺的内在本质，移动端口点单，智能 POS 完成客户信息的收集和运营，并在这种智能化的服务中改变和提升消费者的购物体验。

写到这里，我们有了两个问题。

第一，为什么如今的电商大佬敢于投资正在走下坡路的实体店铺？

第二，传统守旧的珠宝店如何进行智慧化改造？

关于第一个问题，我们在前文第二章中就给出了答案，马云等一众大佬们看到了实体店的前景，实体店侧重于服务，也更有体验感。拥有线上流量的大企业很容易将流量嫁接到实体店铺上。

随着智能化场景的应用发展，连小小的奶茶店都能进行智能化改造，珠宝行业又有什么不能改变的呢？

第二个问题的答案就是，打造有科技感的智慧化的线下实体珠宝门店，并不仅仅是在珠宝店铺安装一些智能硬件，更多的是通过智慧系统，集合智能软件和硬件设施，并结合 SCRM 实现店铺消费管理和营销服务上的互联网化、数据化。通过门店的智能化升级，门店可以更好地吸引消费者，并将消费者有效转化，而门店可以更加有效地了解和管理会员资料和喜好，并通过线上的大数据分析实时改变店铺的营销策略和珠宝管理，高效运营门店，这就是第三章中提到的数据的系统交互应用。

智慧营销系统已经不再仅仅只是一个软件，它已经成为新时代下珠宝零售的刚需，甚至可以说，现在已经是珠宝经营应用的"基础设施"。

特别要提出的是，智慧金店的落地解决方案不是一成不变的，而是根据每个金店的经营特点、品牌定位、客户层次、团队执行等来不断进化和改变的。功能、时机、环境、竞争对手等外部因素的变化都会导致落地解决方案发生改变。随着更多功能的开发上线、更丰富的实践总结，落地解决方案是要永远与时俱进的。珠宝门店是落地的主体，要从组织、职能、执行、监督各个管理环节进行设置，落地解决方案要从系统功能、活动规则、落地场景、员工激励等各个环节进行思考。只有每个细节、每个步骤都精益求精，才能确保每个落地方案都能成功。也希望有更多的第三方机构和专业人才加入到智慧零售的落地实践中来，大家一起推动智慧零售的发展。

零成本智慧金店合作客户练习使用系统

第六章

实体店互联网
营销解决方案

如果说珠宝实体店铺缺乏营销，相信很多珠宝店家都不赞同。

实体店铺的管理者大都经过良好的市场营销培训，并将营销手段不断地教给店铺销售人员，再由销售人员将经营销售实现转化，几乎每天，店长都会为店员们鼓劲，激励店员们做好营销工作，并帮助员工做好店铺活动，为门店争取更多的客流量，创造出更多的业绩。这样的经营模式持续了十几年，非常成功，很多商家认为做活动、做培训就等同于做市场营销，就能做好市场营销。

但实际上，营销恰恰是我们目前的珠宝店最缺乏的部分，传统的营销活动在珠宝市场未饱和的年代里非常有效，但更多地依赖于店员的个人营销水平，依赖于新客。如今获客成本激增，传统的营销方式又难以吸引当下年轻化、网络化的消费群体，珠宝行业需要新的营销方式，为珠宝销售创造更多的机会。

过去的营销，最大的问题就是习惯了做一锤子买卖。事实上，这种单向型买卖在卖方市场的环境下可行，在如今的买方市场环境下，形成营销的闭环才能让买卖源源不断。

现在，珠宝行业互联网化面临"痛"与"通"，"痛"是市场上不缺营销工具，"通"是怎么运用数字化打通所有营销环节。

但我们要知道一点，工具本身是没有价值的，只有运用工具才能创造价值，才能真正发挥互联网的威力！

　　智慧零售系统的互联网商业模式是：整体管理系统落地，设计自动营销模式，对 B 端（商家）赋能，在 C 端（客户）进行用户裂变；目的是让珠宝企业具备生态化自身盈利能力、自动营销能力，最终提升珠宝终端市场价值、实现转化。

　　本章将从珠宝行业出发，结合引流、转化、升级、绑定、裂变、召回六个营销模块，联动零成本智慧零售管理系统的功能支持，从具体实践切入，解决珠宝店进店率、成交率、客单价、连单率、复购率问题，进而有效提升门店业绩，并从功能支持和解决、活动策划、爆品和礼品的选择、数据的分析应用四个方面给出实体店整体解决方案，解决珠宝终端互联网营销的"痛"与"通"。

第一节 流量池的建立

> 互联网的营销模式是什么？打造企业的私域流量，将传统的广告投入成本变成互联网分享经济下的分利模式，就能带来社群营销下的分享裂变，可免费多次循环利用，随时触达消费者手机，多频次变现，获取更高层次的商业回报。

珠宝行业要有一个救世主，就是市场；而在市场里，能救你的只有你的"用户"。

珠宝零售市场已经从过去高歌猛进的增量市场时代进入到一个低速的、过剩的、碎片化的存量时代。在存量经济时代，如何去"分蛋糕"，成为珠宝零售企业不得不考虑的问题。

根据统计，我们如果与顾客之间没有交流和互动，就会进入自然顾客流失公式。初次上门的顾客，流失率为70%—80%，顾客只要光临三次，就会成为常客，如果光临10次，就会成为铁粉，但是一般情况下，转化铁粉的概率，只有10%不到。如果你没有追客和锁客，你的店就只能靠新客维持经营了，比例是新客占比90%，老客占比10%，而最稳健且营业出色的顾客比例为老客占比60%，新客占比40%，老客提供最基本的营业保证。

所以珠宝实体门店每当和顾客接触的时候都要想到：维护好老顾客才是最低成本的引流方式。这个时代，你的门店必须连接顾客并产生互动营销。

智慧零售营销的关键在于建立顾客的私域流量池。

我们可以把珠宝实体门店比作一个鱼塘，顾客就是大大小小的鱼。假设一开始这个鱼塘没有鱼，从今天起，每天引一百条鱼入池，鱼越多，钓到鱼的机会就越大。通过有效合理的经营，这些鱼还会不断繁殖出新的鱼，最终鱼越来越多，门店就可以坐收渔翁之利，让盈利不断地增加。

所以一个企业"鱼塘"的大小决定了企业的盈利规模。

今天，几乎任何企业都脱离不了互联网，脱离不了流量。无论线上店铺和实体店铺，都在依托互联网做生意，都需要流量，需要用户，需要粉丝，流量池简直就是一切生意的基础，是营销的关键。

那么如何建立私域流量池？

2015 年前后，我们的流量池首先是在天猫、淘宝、京东上建立的。一些珠宝企业在这些网络销售平台上开办线上店铺，创立线上专营店，拥有了线上流量，积累了一大批线上店铺粉丝。对此，我们也详细解释过，这些流量都是平台的流量，这些粉丝是平台的粉丝，在脱离平台之后，他们无法和店铺产生有效的联动。同时，从平台获取流量的成本越来越高，现在各大电商平台，已经不再是中小珠宝实体店的最好选择了。

那么，在建立流量池的基础上更进一步，企业都要建立自己的私域流量。

建立私域流量的核心无非两点。

一是有无数的引流获客渠道。掌握庞大的用户基数，让店里满眼都是人，卖什么都不愁。

二是建设微信服务号。打开手机的微信，搜索一下"珠宝"二字，我们会发现大众所熟知的一些珠宝企业都建立了自己的微信服务号和小程序。微信服务号及小程序的建立，如同建立一个鱼塘，企业也就有了留存用户蓄水的池子，从而打造专属的自媒体流量入口，拥有自己专属的"粉丝"群体，将引流、转化、绑定、升级、裂变、召回移动端口化。同时，还能够实现品牌推广、新品预热、新品发布、产品购买等功能。

有了微信流量平台和零成本科技的技术平台，珠宝企业建立私域流量已经成为现实，实现实体店铺和移动端店铺相互补充，相互服务，为珠宝销售保留客户、打通线上线下双渠道创造了新的方式。

那么关键的问题来了，我们怎么往流量池里"引鱼"呢？

流量池建立神器：电子质保单

珠宝是体验型消费，所以珠宝商们应尤其重视"场"方面的升级改造。随着智慧零售时代的到来，智慧珠宝店铺的概念逐渐成形，未来的零售经营，将不仅是把珠宝卖给消费者，而且是为消费者提供更佳的体验，其中就包括售后服务。

售后服务是珠宝店与客户多次连接的非常好的机会，但是在我们当下的行业中，通过售后服务召回客户的概率小之又小，原因就在于质保单。

过去，珠宝店为消费者开具的都是纸质质保单，但是纸质质保单难以保存。我想大家出门购物时，都收到过纸质质保单，回家后不用几个月，可能几个礼拜就找不到了。因此，很多珠宝消费者也很少考虑珠宝售后服务的问题，甚至一段时间后就会忘记在何时何地购买了珠宝。

对于珠宝店而言，留不下顾客的个人信息，让珠宝买卖成为单次交易，是一个非常大的损失。

纸质质保单由于形式上的限制，已经不再适用于现在的互联网时代，而电子质保单的出现，适时地解决了纸质质保单的各种问题。

电子质保单的功能基于珠宝店微信服务号开发，消费者无论是在线上还是在实体店内购买任何珠宝产品，只需关注珠宝店的微信服务号，即可在线生成对应产品的电子质保单。这方便消费者保存质保单，哪怕消费者换了手机甚至丢了手机，只要消费者在新的手机上以原微信号重新关注珠宝店的微信服务号，就能再次查看电子质保单。从心理上给顾客留下一种永保售后的体验感，他们对店铺的好感自然会提升。当消费者在逛街购物时，路过珠宝门店，掏出手机展示电子质保单就能在所有连锁门店享受售后服务，如清洗保养、维修、换款等服务。让消费者感受到珠宝售后的贴心，并在这种贴心中，为店铺创造与消费者多次接触的机会。

另一方面，电子质保单附带产品专属照片和证书号，保证了珠宝产品的真实性和可靠性，也增加了商家和产品的公信力。

对于商家，有了电子质保单，消费者会主动关注珠宝店铺微信服务号，并留下姓名及手机号码等个人信息，门店轻而易举地完成了消费者信息的留存。这种关注，使得顾客与店铺之间有了长久的黏性，珠宝产品的便捷查询和终身售后服务让消费者不会轻易取消对服务号的关注，帮助珠宝门店持续锁定消费者。

假如你的竞争对手还在使用纸质质保单，而你已经用上了电子质保单，你是不是就比你的竞争对手更进一步触达了顾客？而当你的竞争对手都用上了电子质保单，你还在用纸质质保单时，是不是让顾客感觉不够先进？

一张看似简单的电子质保单，就这样有效解决了珠宝店的"锁客"

难题。零成本智慧零售系统在珠宝行业内首创的电子质保单就是建立流量池的"黑科技"之一。

让顾客关注服务号，并且永不取消关注是非常难的。利用珠宝首饰的贵重属性、终身保养特性，电子质保单"智慧"地解决了这个难题。顾客信息资料收集是实体店铺建立流量池的第一步，也是最难的一步，将之锁定在流量池中，为商家未来的持续营销做最好的准备。

1. 营销原理

电子质保单的营销原理是引"鱼"入"塘"。创建客户购买珠宝的终身"护身符"，创造珠宝店与用户的终身连接，形成自媒体流量池，核心目标是与顾客建立终身的连接，不再失联。

锁定顾客，搭建自己的自媒体平台，使顾客终身产生黏性，让顾客长久留在商家的营销闭环。

过去顾客买完单，完成购物，打印纸质质保单，而门店没有保留顾客信息，就造成了这些购物基本是一次性购买行为，更不用说让顾客成为回头客。珠宝在顾客开心喜悦时被消费的概率是最大的，有一对夫妻，节假日逛商场玩得很开心，到了珠宝专柜看到新款，想把已经戴了两年的钻石戒指换款，却发现要回家拿票，当他们回到家时还有心情再跑回珠宝店吗？珠宝门店因此错失了多少机会。

通过在服务号设置永久留存的电子质保单，解决售后服务问题。让客户随时拥有权益保障，而且易存易查，关注微信服务号，随时查看；换款或维修不必携带纸质质保单，促使冲动消费的顾客转化为现实消费顾客。

电子质保单既解决了传统纸质质保单难携带、易遗失等问题，又结合移动互联网和智能手机，实现了快捷方便、质量保障、低碳环保等功能，极大提升了顾客的消费体验，做到留客形成自媒体流量池和后期粉丝变现。

2. 场景运用

（1）客户买单时，门店请求客户关注微信服务号，自动生成电子质保单，从而锁定客户，进行有效的客户管理。

（2）绑定会员个人账户，通过推送个性化营销短信和服务号优惠活动实现精准营销，吸引客户二次购买，让新顾客变成回头客。

（3）通过电子质保单功能宣传，召回老顾客回店置换纸质质保单，并引导消费。

一张看似简单的电子质保单，就这样有效解决了珠宝店"锁客"难题，当门店有新的营销活动推出时，粉丝和会员会第一时间收到信息。

营销的闭环从电子质保单开始。

3. 案例

2017 年 6 月，甘肃某金店正式启动智慧零售系统项目。以"会员激活、老顾客召回、增加二次转化"为核心诉求，策划了一场"百万寻亲"的主题活动。从 6 月 24 日开始，仅用三天时间，该金店就召回老顾客 587 人，业绩累计 101.6 万元，相比此前 6 月 1 日至 23 日累计销售业绩 80 万元，该店日均业绩从 3.5 万元飙升至 33.9 万元，销量增长近 10 倍，其中电子质保单产生了惊人的效果。

事实证明，会员才是金店未来营销的基础。针对珠宝低频次、高价值的消费属性，那次活动先将老顾客会员邀约来店，将他们手中的纸质质保单进行回收，再提供电子质保单免费升级服务。相比纸质质保单经常丢失、容易损毁、携带麻烦等诸多不便，电子质保单只需关注店铺服务号即可随时查看。接下来通过电子质保单把这些老顾客会员沉淀在金店微信服务号上，变成被重新激活的智慧零售会员。

珠宝店老板和销售人员常常有这样一种心理：市场不好，业绩做不起来没毛病啊！赶上淡季，没客人也很正常啊！员工不积极，会员流失应该的啊！

如果从认知上就错了，当然就执行不下去了。

珠宝零售进行数字化转型没有捷径，需要一步步来，需要珠宝经营者的耐心与投入。不能认为消费者数据暂时没有价值就不录入"电子质保单"去锁定用户，否则等真正想激活用户变现的时候，就会发现没有流量池。

第二节　业绩解决公式：进店率

> 珠宝零售企业要想下半场胜出没有捷径，跟消费者发生链接是必经之路。
>
> ——汪朝林

"鱼"在哪？"鱼"从哪里来？如何让"鱼"过来？换句话说就是顾客在哪？如何让顾客进店？

根据业绩解决公式（详见下页图），我们要解决的第一个问题是引流。

传统的珠宝店供大于求，珠宝店多过米店，坐等顾客上门、守株待兔的时代已经过去。现在客流量越来越少，无人进店，获客难度越来越大。通过传统的发宣传单、游街造势、下乡服务、车体广告、搭台表演等模式引流，收效并不理想，一是覆盖面太窄、传播效率低；二是不能精准锁定目标客户；三是员工士气容易低落，人力成本高。

由此可见，移动互联网的崛起，让我们告别了依靠传统渠道获取客流量的时代，转为依靠移动互联网工具经营自媒体来获取客流量的时代。获客能力成为珠宝店的核心竞争力，珠宝门店要全员行商，将利润创造环节从内部经营转向外部获客，只依靠传统天然获客方式的企业，业绩都将停止增长并被时代淘汰。

在智慧零售的趋势下，从阿里巴巴等一众电商大佬从"电"到"店"的大布局中，我们可以发现，引流的渠道已然分成线上渠道和线

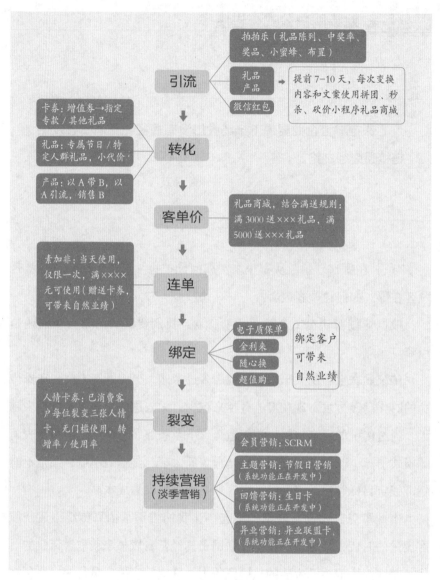

零成本智慧营销系统营销场景

下渠道两种，珠宝店必须结合线上线下的渠道资源进行有效引流。

线下引流渠道是指对商圈附近的自然客流进行引流，包括：互动活动引流（如拍拍乐）、礼品截流、发活动宣传单、活动现场造势等。

　　传统的线下吸粉工具，功能比较单一，缺少与顾客的互动，没有留存客户资料，更没有销售转化。大部分顾客只是单纯领取礼品，一些店铺做了线下的活动，以纸质优惠券作为奖品，想让参加活动的顾客产生转化，却因为缺乏体验感和惊喜感反而让顾客觉得是套路，结果只是做了一个热闹的活动假象。

　　线上引流渠道是指从服务号、微信朋友圈、当地自媒体大V等引流。

　　接下来从线下和线上两部分出发，详细分析智慧零售系统是如何帮助珠宝店完成新时代下的转型的。

一、线下吸粉神器：拍拍乐

　　任何生意，如果解决了客源问题，离成功就不会太远。我们租门店、搞促销、打广告、买流量，都是为了引来更多的客流。只有足够数量的客流，才能保证足够数量的订单，才能让生意进入良性循环。

　　什么是拍拍乐？拍拍乐又如何吸粉？

　　拍拍乐是一种放在店里的大型互动设备。拍拍乐的原理与抖音上的活动"挑战十秒"类似。顾客按一次按钮，机器就会从0开始计时，一直到10秒整，10秒内顾客可以再次按按钮让时间停止。如果时间停在店家设定的秒数内，比如店家设定时间停在9.001秒—9.010秒，顾客就能获得相应奖品，顾客只要扫码关注机器上的微信号或者点开商家的活动链接，就能领取商家的礼品。

　　用游戏化的思维，创造互动营销，促使客户分享珠宝门店活动，让活动参与者之间产生互动，这能极大地调动起粉丝的参与性和分享欲望。

　　走过的客流是伪客流，进店的客户才是真客户。只要活动有理由、有创意、有价值，客户就会感受到你在营销上的用心和诚意。记住，你没有任何借口去错过一个意向客户，因为这个获客成本，你已经在店租里面支付过了。

1. 营销原理

吸粉神器，精准引流，跨业吸粉，异业客源导流。

2. 场景运用

抖音的"挑战十秒"非常成功，吸粉无数，我们的拍拍乐系统和"挑战十秒"的本质是一样的，而且拍拍乐更加灵活，可以设置1314、520等具有象征意义的数字。

拍拍乐作为一款吸粉神器，可放在珠宝门店门口最醒目的地方，如果是商场店，店家可与商场沟通，把拍拍乐放在商场门口进行引流，并与商家协商，让进入商场的所有顾客都可以免费玩（免费玩的次数由门店自由设定）。

珠宝店将店铺的微信服务号等放在拍拍乐的系统后台，设定消费者只有扫码关注服务号，才能参加拍拍乐活动。

在数字的设定上，店家可以设置13.14或5.20为获奖数字，将13.14设置为终极大奖。奖品越大对顾客越有吸引力，具体的奖品可以根据每个店铺的实际情况设定，例如小克重金条、钻石等。商家可以把店里的主推产品或者滞销珠宝作为奖品，主推产品可以让顾客玩拍拍乐的同时就能关注到店里的明星产品，滞销珠宝一般会降价处理，减少店家成本。越是贵重的珠宝奖品，越能吸引顾客眼球，若商家能每天持续投放，一定会吸引很多有幸运心理的玩家持续关注并参加拍拍乐活动。

除了这些直接赠送的大奖，店家还可以设置秒杀大奖，比如13579元的钻戒99块钱秒杀，1999元的吊坠1元秒杀，这些奖项足够吸引人，这些大奖足够用来作为吸引顾客关注店铺的手段（商家可以在后台设置中奖率和中奖奖品）。

除了大奖，我们还需要设置一些有营销功能的小奖，设置奖品的核心思维是使产品有二次营销的意义，例如把赠送吊坠转化为项链优惠券、编织区的手串配件转化为手串优惠券，另外还有珠宝现金抵用券、珠宝镶嵌券等，这些券的特点是只有顾客消费了才能使用，吸引新老顾客多次消费。

可以设置一些随手礼，用来吸引粉丝。可以设置首次关注赠送红包，提高进店率；待顾客关注后系统推送红包，并设置购物时才可以使用。

3. 拍拍乐异业联盟如何做？

珠宝店可以和商场内其他专柜合作，比如化妆品店、鞋店等，与这些店铺合作做一个异业联盟，凡是顾客在这些柜台消费，都可凭购物小票免费参与拍拍乐一次。扫码关注免费玩一次，凭小票再免费玩一次，通过奖品吸引顾客参与店铺活动。

为了提高其他专柜推荐的积极性，可为他们制定一些奖励，如某鞋店推荐参与拍拍乐的顾客达到 20 个，就可赠送一个小礼品给鞋店的员工作为奖励。这样所有专柜的员工都将成为珠宝店的营销推广员。

4. 案例

2019 年 3 月 29 日到 31 日，赤水某珠宝门店使用智慧零售系统，第一次尝试"线上线下"联动营销，只花了 3 天时间，业绩就猛涨了几倍。

门店现场安排了"拍拍乐"的体验场景，顾客拍到指定数字，就可以享受福利，初期顾客收到了红包、微信卡券。这些有效福利推送吸引客户到店，增强了顾客参与感。同时，通过"拍拍乐"让顾客扫码关注服务号，门店快速新增一批关注粉丝，并且留存率超九成。

在行业淡季，没有吃喝，没有铺天盖地的广告，门店前却排起了长队，画风和周边店明显不一样，现场非常热闹，可以用车水马龙来形容。

零成本科技智慧金店合作客户拍拍乐使用现场

5. 拍拍乐落地关键点

（1）不能用劣质产品充当礼品，这会影响门店信用度，容易造成消费者流失。

（2）拍拍乐外观设计要好看，足以吸引消费者，不同的节假日，变换不同的场景。

（3）拍拍乐的布置地点、礼品品类、奖项设置等要定期更换。

（4）礼品实物展示，或摆放高清晰度的礼品图片、海报等，提升消费者对活动的信任度。

二、线上引流神器：拼团、砍价、秒杀

在目前常见的引流功能中，"拼团砍价秒杀"算是最具受众基础和辐射最广的。对此相信大家也并不陌生，不管什么产品，只要嫁接"拼团砍价秒杀"的功能，就会在微信朋友圈大范围转发传播，在这一方面，最具有代表性的就要数拼多多了。

拼团模式是指在消费者购买商品的时候，鼓励他去拉更多的人来一起买，达到一定人数后，拼团发起者会以团长身份享有超低优惠，而其他参与拼团的消费者也可以获得团购价。大多数消费者都会主动去传播商品链接，因为对消费者而言，利益是肉眼可见的，而对其他被拉动的消费者来说也同样如此。对于同一件商品，团购价显然更划算，这也就是为什么拼多多虽饱受诟病，但在运行了这么多年之后，仍有大火趋势的原因。拼团是一种流量裂变的方式，能在短时间内使商品的销量大幅上升，同时也会引爆流量，对商家而言一举两得，对消费者来说也有优惠，可谓双赢。

砍价也是微信群里经常出现的活动，大多都是亲朋好友互邀砍价。仔细观察我们就会发现，很多商品到最后能砍的数额越来越小，最后几乎达不到目标砍价额，但是大家依然乐此不疲，因为免费商品或者低价商品对人们来说有着与生俱来的诱惑力。而且，砍价的过程为商家带来的流量是巨大的。有些消费者把商品砍到低价时，会产生一种辛辛苦苦利用人脉砍到低价的物品，一定要花钱买回来才值得的心理，这时候已经不会思考商品本身应有的价值。而商家仍可以在考虑成本后，利用差价从中谋利。

比起传统活动宣传和拼团、砍价，秒杀的不同之处在于，具有时间的紧迫感，创造了"抢"的氛围，直接会造成顾客"蜂拥而上"的现

象。只要有人在抢一个商品，其他消费者就会被"从众心理"带动去参与，根本不会考虑自己是否需要或者这件商品是否值得购买，只要抢到就是赚到。所以商家在做限时秒杀的时候，会制造出这种商品短时间内有很多人买或者马上就要售罄的现象，从而吸引顾客哄抢。商品秒杀做得好，不仅会在极短的时间内将商品销售完，也会在短时间内获得巨大流量，而且在某次秒杀之后如果预设好下一次秒杀时间，并通知给消费者，大部分消费者都会怀着参加下一次秒杀的心态关注商家。可以说秒杀这种营销模式既高效又直接。

1. 营销原理

线上互动营销（拼团、砍价、秒杀）功能利用互联网技术，促进珠宝店与顾客的线上互动，增强顾客黏性以及珠宝店的营销效率。节省买卖双方成本的同时，还能实现品牌传播、拓客引流、销售转化等核心功能。该功能和微信紧密连接，以珠宝店小程序为载体，利用社交网络（即流量渠道）及熟人间的信任，由低价驱动实现裂变式分享，让用户为珠宝店代言，轻松实现朋友圈现象级刷屏，做到珠宝店 24 小时不打烊。

2. 使用方法

（1）拼团。

首先，珠宝店选择一款性价比比较不错的产品或爆款产品，让会员和员工先参与开团。作为第一个裂变人员拼团，发起人的价格比团友价格要更低，这样才有动力邀请其他好友一同参与开团。另外，珠宝产品优惠卡及卡券均可使用。

a. 可拼 3 人、5 人，只有给团长吸引力足够大的优惠，团长才会主动寻找团员，进而组团成功，从而达到裂变式营销。

b. 分店可通过拼团活动进行常规营销，终端零售店每两周均可推出一款爆品进行线上拼团。（注：线上拼团的产品，线下门店不可销售，只在线上做拼团活动。）

c. 奖金机制：员工分享拼团成功，顾客到店领取产品，员工可享受一定的奖励。

（2）砍价。

让用户邀请好友为其砍价，实现活动裂变式分享；低价吸引，并刺激分享。让购物过程变得有趣且能带来好友之间的互动，在用户购买珠宝产品时都可以使用这种营销方式。

a. 线下终端门店，通过设置销售价高、砍价后低的产品吸引顾客主动参与活动。

b. 后台设好参与砍价的好友每次砍价金额，限定每个参与活动的顾客需要找到好友的人数。

c. 顾客通过分享链接，邀请朋友参与砍价。

d. 在规定时间内，以低价格得到活动产品，从而达到宣传裂变的效果。

e. 奖金机制：员工分享砍价成功，顾客到店领取产品，员工可享受一定的奖励。

（3）秒杀。

定期秒杀，积累人气，滞销库存限量推广。

a. 终端零售店在线上上传有吸引力且性价比高的产品。

b. 发布后，让顾客在同一时间进行抢购，以达到销售和宣传的目的。

例如，可做低价位秒杀、低价限量秒杀、低价限时限量秒杀。

c. 奖金机制：员工分享秒杀成功，顾客到店领取产品，员工可享受一定的奖励。

以上三种裂变营销方式可以利用消费者的碎片刷屏时间，不断邀约朋友并刺激成交，不受时间、地点的限制，延长了店铺的营业时间。员工利用休息时间和下班时间也都可以做好营销活动。

假如每周做 2 次线上活动，一个月 8 次，每次有 50 人参加，一年下来将 4800 人引流进店。假设转化率为 5%，保守估计有 240 人产生消费，每人利润贡献最低达 400 元，店铺轻轻松松就额外赚了近 10 万元利润。

原来商家都会利用一些第三方的外部链接进行这些活动，但是商家无法获取参与活动粉丝的数据，这些数据都保存在第三方的链接里，商家只是做完活动，没有留存到任何客户信息。现在智慧零售系统将这些功能都做成内置配备，所有参与这些拼团、砍价、秒杀的客户的信息，都会流转到系统为终端门店搭建的自媒体流量池中。商家通过一场拼团、秒杀活动，吸引很多客户进入流量池，完成引流的目标。

3. 拼团、砍价、秒杀落地关键点

（1）引流产品如带有转化属性，当顾客引流回店，到店提货时，关注服务号系统自动赠送顾客现金券，员工现场引导顾客购买其他产品，增加连单率及复购率。在保存店铺现有销售的基础上产生了额外的销售，提升店铺非素业绩。

（2）引流产品后续可按标价换款，设置换款门槛，提高门店非素业绩。

（3）营销裂变渠道多样化。主要有以下几种：

a. 在柜台醒目位置设立专区，陈列引流礼品样品，顾客看到后可扫码参与砍价活动，从视觉上激起顾客获取的欲望。

b. 微信好友。发动所有员工，编辑吸引人的文案，使用群发助手，

点对点群发活动链接给微信好友。

　　c.微信朋友圈。发动所有员工，编辑吸引人的文案，在朋友圈发布砍价活动。

　　d.服务号。将砍价活动小程序码及图片编辑成文章发送到店铺服务号上。

　　e.朋友圈第五条广告。将需要发送的内容准备好，在微信朋友圈第五条推广活动方案。

　　f.异业合作。找当地有影响力的婚纱影楼、商城等与珠宝有关联的企业进行异业合作。

落地台卡，线上线下多重引流

三、迅速增粉神器：爆品

　　什么是爆品？

　　从字面上理解，是指火爆的商品。实际上爆品不只是商品，能在短时间内，做到单品的销量达到行业内前列，让用户直接可感知并形成口碑的战略性产品、服务、平台，都属于爆品范畴。

　　小米科技创始人雷军说过，在当今的互联网时代，要想成功，必须要做出爆品，有引爆市场的产品和策略。温水你哪怕做到99℃，也没啥用，唯有沸腾之后，才有推动历史进步的力量。

　　雷军的话不无道理，因为雷军本人就是不断制造爆品的风云人物，小米手机、小米充电宝、小米电饭煲，甚至小米品牌本身，都是爆品。

这些爆品都有一个共同点，它们都是极致的产品，或是拥有极致的功能，或是拥有极致的口碑。

这几年，爆品的竞争越演越烈，一款爆品甚至能改变一个企业的商业命运，制造爆品成了各行各业商家必争的营销战场。

1. 营销原理

（1）大数据的产物。

爆品的产生不仅仅依赖设计师或者工程师的创意，爆品的创意必须来源于艺术，流行依赖于数据，通过大数据的分析，计算出大多数人的需求，模拟出畅销产品，重新定义行业内的流行标杆。比如小米手机，小米手机的定位就是用最低的价格追求极致的手机性能，一两年内，小米得到了大量追求手机性能而消费能力又不高的年轻人的青睐，迅速占领这群人的消费市场，成为手机市场的新巨头。审视好用户需求，生产符合大众消费者需求的爆款产品，将品牌重新赋能，能迅速增加品牌关注度和品牌价值。

（2）社交流量的副产物。

社交媒介有热点的说法，而我们的商家非常喜欢做的一件事叫作"蹭热点"，明星热点、社会事件热点，各大商家都费尽心思把这些热点实体化，生产符合热点的产品。在互联网社交媒介的发酵下，追寻热点的产品极有可能成为爆品，为商家带来无限的商机。

（3）概念性产品。

成为爆品，意味着产品具有庞大的市场，这些产品必须是满足客户独特需求的产品，同时符合大多数人的需求。在消费者需求不断个性化、增量化的年代，创造爆品需要新的概念，比如小米的智能电饭煲，戴森的吹风机，这些消费者常用的物品被商家重新定义，增加新的概念，最终也成为消费者的选择。

2.案例

2019 年上半年，为了更好地迎合年轻消费者的需求，各大珠宝品牌已经不满足于婚嫁礼品、金条等常规操作，产品越来越向饰品化方向发展。

3.爆品寻找关键点

（1）热门电视剧。例如 2019 年姚晨主演的《都挺好》里的网红款心形吊坠。

（2）热门电影。比如于 2019 年 4 月上映的《复仇者联盟》，一些商家将有关复联英雄元素珠宝饰品宣传的 X 展架放在电影院，做到了大量引流。

（3）抖音等网络社交软件。近几年有了魔戒、转戒等爆款饰品。

未来珠宝零售业态的成效，取决于是否能够充分重视互联网营销和互联网思维在实体领域的深入应用，是否能够以消费者为中心制定产品战略。在当下，懂消费者的企业才是懂市场的企业，才是懂未来的企业。

第三节　业绩解决公式：成交率

> 移动互联网时代，突破客流增长的瓶颈才是门店的命门。
>
> ——汪朝林

引来客户后，如果顾客没有购买欲望，只是进店看看，顾客出门之后又无法跟踪；或者购买即失联，客户黏性不高，门店无法后续精准召回，怎么办？

传统促销所使用的纸质卡券弊端大，如大量印刷纸质卡券，增加了店铺搞活动的成本；受渠道限制，卡券对顾客的触达率极低，发放到店的顾客群体不精准；员工没有合适的方法售卡，而且缺乏合理的激励机制，导致员工积极性不高，且无法实现裂变式营销。

所以在提高成交率方面，门店需要解决如何把引流到店的顾客转化成交的问题，达到有效保留客户的目的。

当促使顾客成交后，如何保留客户？像过往一样只是用 Excel 登记顾客信息是没有效的，珠宝是低频消费品，珠宝店需要找到一种方式，让客户多频次跟珠宝店发生互动，才能完成业绩成交公式中的转化、绑定和锁客。

一、转化神器：首次关注送电子卡券

1. 营销原理

电子卡券本质上是解决价格混乱、实现差异化营销的一种手段。简单来说，就是同样的产品和服务对不同的消费者提供不同的价格，从而实现利润最大化，打破顾客和珠宝店对传统纸质卡券的获取及消费的局限，让消费方式更智慧。同时实现不同场景的线上营销，让珠宝店实现差异化营销，从而实现竞争突围。

根据统计数据，在优惠券使用群体中，使用电子券的占比高达89%。2017年腾讯调研发现，27.4%的中国网民听说过电子优惠券，21.7%有过使用经历，而优惠券用户从获得到使用的转化率高达79%，为商家带来了更高的转化率和更多的客流量。电子卡券解决珠宝店售前引流、售中优惠、顾客裂变、售后黏客等多种需求。

2. 电子卡券的优势

（1）零成本制作，创建简单，可随意限定发放领取数；

（2）顾客领取方便，可随时随地自动获得；

（3）有效抓取精准顾客，关联门店销售行为，传播范围广，可自动裂变；

（4）转化率高，除适配于门店组合营销活动外，还支持异业联盟关联营销，线上线下多渠道发行，可设定自动触发赠送。

以下我们介绍一种转化神器——首次关注券的使用。

3. 场景运用

首次关注券应用于新人红包礼，或做老顾客召回活动时用到，一个客户微信号只有一次机会。新顾客到店关注珠宝店的服务号，系统就会自动推送卡券红包给顾客，而老顾客召回时，可以让老顾客凭旧的纸质质保单录入新的电子质保单，老顾客进店同样要先关注服务号才能获得。这样可以通过红包卡券刺激顾客消费需求。

通过上千家的落地分析，结合品牌差异，我们发现在后台设置金额为 299—499 元红包卡券时，转化率最高可达 10%—30%。活动对外可宣传为 10—500 元红包卡券，而后台设置是 299—499 元的红包卡券，在顾客点开卡券看到金额的同时，员工借助现场氛围引导，就比较容易引导顾客使用卡券购买珠宝。在实际应用中，用首次关注券带来的成交件单价最少千元起，也有上万元的成交。

4. 首次关注卡落地关键点

（1）灵活运用，可用于首次进店顾客，当顾客未成交要离店时让他扫码领取。落地过程中经常有顾客上午领过红包，下午回店使用的场景。

（2）制作相关台卡说明，方便员工讲解，方便顾客领取。

二、转化神器：可售卡券

1. 营销原理

可售卡券是将传统纸质券与电子券创新结合后的裂变神器。后台可绑定销售人及设定提成等基础数据，实现智能分销。

2. 场景运用

（1）线上可售卡券使用方法：首先在后台进行卡券销售的任务分配，完成系统后台设置后，会自动生成卡券二维码。每一位员工会有一个个人专属身份识别码，分配给员工的卡券会匹配到员工个人，员工把电子卡券的二维码分享到朋友圈或发送给好友进行宣传销售和裂变。在线下销售卡券时也可出示卡券二维码让对方扫码，所有电子卡券都可进行线上支付。

系统会根据员工身份识别码自动识别卡券销售业绩属于哪个员工。如此一来，员工的售卡任务得到实时追踪，提成自动结算，员工线上线下同步进行销售工作，解决了员工依托传统渠道来售卡的困难，而且分销模式也加大了员工售卡量，同时提高员工售卡积极性。员工 24 小时都可以售卡，让竞争对手难以追赶。以前员工不用尽全力销售卡券，一是因为纸质卡券体验差，要面对面售卡，销售效率特别差。另外更主要是自己辛苦售出的卡券，顾客回店消费产生的业绩却无法识别是自己销售的，因此预售卡券的动力大大减低。

（2）可售卡券的第二种玩法是线上拼团，珠宝店可在后台把电子卡券设置为拼团产品，进行线上拼团销售。员工把拼团码发给身边亲朋好友，做第一层裂变；通过亲戚朋友开团，做第二层裂变，这样层层裂变，就可以实现线上卡券的大量销售。

（3）可售卡券可以线上线下结合销售。纸质可售卡券设定后，系统会自动给每一张纸质卡券生成条形码并和员工绑定，店铺在制作卡券时只要把条形码印刷上去即可，从而实现人券相连、信息自动化。线下售卡、线上追踪任务完成进度，自动化计算的奖金激励，真正实现了线上线下多渠道发行。

以上两种卡券应结合具体的营销活动来使用。大量的实践案例证明，这几种方式能够有效帮助门店提升进店率，同时提高转化成交的概率，进而提升进店业绩。

三、绑定转化神器：金利来、随心换

珠宝产品有个核心优势，区别于其他快消品，珠宝首饰可以以旧换新、黄金以旧换新、钻石以小换大。这是珠宝店铺最基本的售后服务之一，也是珠宝行业这几十年来牢牢抓住老顾客最有效的二次营销手段之一。

但是，过去这种看上去非常诱人的珠宝售后服务实际上的营销效果并不理想。原因是顾客往往不记得这种售后服务，没有互动体验。

而现在，消费者的消费习惯向移动端偏移，我们的微信服务号可以升级这种售后服务，将售后服务线上营销化。

1. 营销原理

现在智慧零售系统将以旧换新这种售后服务营销化，增加客户线上体验感。

先以黄金做个分享，比如消费者到珠宝店购买了 1 万元的黄金 30 克，珠宝店通过微信服务号赠送给他一部分鼓励金，这部分鼓励金可以加上旧黄金一起换珠宝，这样就有效绑定顾客，定期与顾客发生互动，达到黄金换购镶嵌的目标。

2.场景运用

（1）黄金以旧换新——金利来。

一般来说，购买素金产品的客户，有不少是喜欢黄金的客户，或者是把购买黄金等产品作为投资保值渠道的客户，这些客户特点鲜明，比较好转化为长期客户。另一方面，素金产品的利润空间非常小，销售人员的提成也少，往往导致销售人员更愿意把更多的精力与热情放在向客户推销非素产品上，因为非素产品提成更高，业绩增长快。

沿用前文消费者购买了1万元黄金30克的案例。假如我们按照10%比例给顾客赠送鼓励金，也就是有1000元，但这1000元并非是一次性赠予消费者的，系统后台可以设置半年的期限，将1000元平均分到180天，每天给一点到消费者的珠宝店微信服务号中，就像余额宝一样，消费者今天打开手机看到有10元，明天有20元，就能直观地感受到金额数字在变化。

每隔三个月，珠宝店通过短信和服务号两个通道，发送信息自动提醒消费者鼓励金的变化。半年以后，这个客户会收到这样一条短信："亲爱的顾客，您购买的黄金已经增值到11000元，现在可以回店换购任意一款价值11000元的珠宝。"

通过线上引导消费者以黄金换珠宝，门店实现了老客户全覆盖式线上素转非。

金利来就是以可持续增长的鼓励金换取消费者长期的关注，增加店铺与消费者的互动，把用户的黏性做得更强，这是店铺传统销售中最难做到的一点。金利来将传统的售后服务转变成售后营销。

（2）钻石以小换大——随心换。

天猫有7天无理由退换货售后服务，我们珠宝店虽然无法做到无理由退换珠宝服务，但珠宝商家可以将钻石首饰做到随心换服务。

传统珠宝店的非素换购方式一般有三种。

第一种，同等标签价免费换购。比如消费者买 1 万元的钻戒，可在一定时间内免费换取任意一件 1 万元的钻戒。

第二种，收工费（折损费）。旧品换新品，要收工费。

第三种，升级换（加价换）。必须加价 30% 或者 50% 才能换款。

如果您是消费者，您愿意选择哪种方式呢？

大部分人都会选择第一种不花钱的换购方式，但是对于珠宝店来说是亏损的，怎么办呢？智慧零售系统的钻石随心换就是在传统珠宝店的换购基础上，利用线上营销的方式刺激消费者换购并进行消费升级，可以实现企业与消费者共赢。

以下将传统钻石换款方案和智慧零售钻石随心换的方案进行对比。

传统钻石换款方案与智慧零售钻石随心换方案对比		
A 方案 （传统换款方案）	B 方案 （随心换方案）	C 方案 （随心换方案）
传统珠宝店常用方案：同等标签价免费换款。 消费者购买 1 万元的珠宝可以在一定时间内免工费置换 1 万元的珠宝	消费者购买 1 万元珠宝，增值 20%，置换金收益 2000 元，消费者可回店换购 12000 元珠宝，但要收取旧品价格 12% 的折旧费，消费者支付 1200 元折旧费，带走 12000 元珠宝	消费者购买 1 万元珠宝，增值 20%，置换金收益 2000 元，消费者在 12000 元的基础上增购 30%，换购 15600 元以上的珠宝，即可免掉 B 方案里的 12% 的折旧费。消费者支付 3600 元，即可带走 15600 元珠宝
总结： 选择 A 方案客户，在通货膨胀的背景下，钻石会越换越小，珠宝店也没利润可言，属于双输； 选择 B 方案客户，10000 元的珠宝换 12000 元珠宝，只补差价 1200 元，消费者相当于赚了 800 元，珠宝店收取 1200 元的工费也能不亏反赚； 选择 C 方案客户，大多数消费者都有"占便宜"的心理，10000 元珠宝换 15600 元珠宝，只补差价 3600 元，消费者相当于赚了 2000 元，钻石还越换越大！更能满足消费者的心理需求，同时也使商家利润最大化，实现双赢！		

以上的 A 方案，消费者会觉得自己多掏了 1200 元折旧费，虽然有优惠，但这 1200 元就会让人感觉是多花出去的钱，不划算。

大多数消费者都有"占便宜"的心理，B 方案直接送给消费者 2000

元置换金，给消费者一种白送的感觉，更能满足消费者的消费心理需求。B 方案不仅刺激了消费者多次消费，也最大化了商家的利润空间。

珠宝本身就是低频消费品，做不到让消费者每月都买新的，不符合大多数人的消费能力。很多人每年花一两万元买珠宝也不是很舍得。但人都会审美疲劳，如果让消费者每过半年一年，花几千元去换新的钻石珠宝，大部分人都能接受。随心换售后服务满足了消费者以旧换新的消费欲望，每年只花两三千元就能置换新的钻石首饰。

如此一来，通过随心换服务，我们就能将珠宝商品从超低频商品变得更高频一些，我们原来可能只能在一个客户身上做一次生意，现在我们轻易地将消费者变成长期客户，将一次性的买卖变成长期买卖，每年赚取一点，牢牢地将客户抓住，而且可以在他们每次换购的时候，做到珠宝店都能赚钱。

随心换功能同样可以很好地解决目前一些品牌店铺因换款产生亏损的问题。钻石换款不设置任何条件，如果积累了大量的老顾客，在新顾客量下降的情况下，换款就会大概率造成门店亏损。随心换根据门店设置相应的参数，可以很好地解决这一点。

这就是随心换功能，类似随心换的其他功能的主要原理就是将日常售后营销化，增加用户黏性与互动，实现有效绑定与多频次互动交易。

金利来和随心换这两种营销方案，金店有这种业务才设置，没有这种业务的就不需要。智慧零售系统是根据每个公司的经营模式不同而分模块灵活使用的。

第四节　业绩解决公式：客单价、连单率

> 99 步后再走 1 步就成功，但 99 步是一半，最后 1 步是一半。在洗牌的潮流里，谁最快走完最后 1 步，谁就最先成功，而不是 99 步不走，直接想走最后 1 步。
>
> ——汪朝林

现在许多门店为了创造利润，想将买黄金（俗称素金产品）的顾客都转介成镶嵌（俗称非素产品）客户。只要客户进来买黄金，员工就不断引导消费者购买 750、916，或者钻石，就算 10 个顾客里转成功一单，那么这一单的黄金利润就没了，剩下的其他 9 个顾客可能反感导购的诱导销售而流失，而更大的损失是直接导致一个高质量的用户流失。

素转非，而是做素加非。在原来存量业绩的基础上做增量的业绩，再通过线上礼品商城的刚需礼品，从而提升客单价。

一、升级转化神器：素加非连单卡券

素加非连单卡券就是利用非素金产品的利润空间优势，为消费者让利，提高非素金产品的销量。

素金消费者往往消费目标明确，这些顾客通常都非常喜欢素金产品，并对素金产品有一定了解，如果没有特别措施，非素金产品很难吸

引到他们这群人，但我们珠宝店如何做连单呢？

当素金消费者买完单，通常已经没有了对珠宝的消费需求，我们要为顾客创造需求，形成复购。

1. 营销原理

复购卡是店铺在销售第一件货品的基础上，做第二单非素产品的连带销售。一些珠宝店的黄金销量比较好，那么该珠宝店就可以在黄金正常销量的基础上做非素的增量，挖掘顾客消费潜力。

顾客进店购买黄金后，自动获得复购券，通过珠宝店员工的现场氛围渲染和员工引导，对顾客进行连带销售。复购的连带率可以达到10%—30%，再配合员工激励，店铺就可以利用原有的自然成交每年增加数十万的非素业绩。

2. 场景运用

复购卡使用规则：台卡制作随机赠送卡券金额是 10—900 元。

珠宝店都可以根据定价和毛利率，自主设置复购券的赠送金额和使用比例。

当消费者在素金产品买完单后，手机就会立马收到消息："尊敬的会员贵宾，您刚刚消费了 3000 元，作为会员回馈，系统自动赠送您一张 599 元的电子优惠券，消费珠宝满 2000 元即可使用。"

当消费者的手机上收到一张满 2000 元减 599 元的电子优惠券时，会不会心动？

只要还没出店门，不少消费者都会在店里看一下，了解一下这个优惠信息，这是不是增加了店铺跟客户之间沟通的机会？是不是为非素产品销售创造了更多的可能？这个时候我们的销售人员营造氛围，就可以推动顾客二次消费非素产品。

我们使用卡券的目的是做增量销售，一个客户的微信号终身只有一次机会，且只限当天有效。

就像星巴克咖啡的第二杯半价，在消费者身上挖掘第二次消费潜力。复购卡也是同样的道理，10 人有 3 到 5 人连单，就是额外创造的增量业绩。因为这个需求是创造出来的，为了提高员工积极性，我们可以把复购卡的提成奖励单独设置，员工有了动力，更能发挥复购卡的效果。

通过数千家店的落地实践，素加非连单卡券的营销方式非常有效，通过这种营销方式，珠宝店铺的素金消费者复购率最高已经超过了60%。

商家的业绩上升，每家金店的纯利润也增长。在固定成本（店租、人工、产品成本等）相对固定时，盈利线以上每增加一笔销售，利润率也是增加的。原来商家只能做一单素金生意，现在我们为没有需求的顾客创造了需求，彻底激发顾客的购买欲望，让一单变两单，最大限度地利用非素金产品利润空间的优势。

3. 复购卡落地关键点

（1）销售引导：收银台摆放关注服务号的二维码台卡，门店开通复购卡时，关闭首次关注赠送卡券设置；顾客购买素金类产品或单件非素产品，在收银台买单时顾客关注店铺服务号，系统自动赠送复购卡券，销售人员在现场运用话术和服务渲染做销售引导。

（2）话术引导：

a. 铺垫：女士，您的增值收益在这里查看。

b. 引导：您看，这是我们 ×× 珠宝的感恩专属红包，它的金额是10—900 元不等，您点开来看一下，看看您的运气怎么样，让顾客亲自点开红包。

c.赞美：哇，您的运气太好了！您可是今天手气最好的，抽的金额很高了，趁着好运气赶紧再来选一件首饰吧。

d.引导顾客挑选饰品。

e.压单：如果顾客在挑选过程中犹豫，导购要看着顾客的眼睛说："女士，您今天的运气真的是非常好，而且每个会员终生只有一次这样的机会哦，红包到今晚就会过期失效作废的，您下次来就再也没有了，确定不用吗？"

（3）为了提高复购的件单价，也可以为复购卡单独赠送礼品来提升复购产品的单价。

（4）为提升复购的成交率，注意柜面上1500元到2500元货品配备。

4.案例

湛江某金店在使用复购卡后，每天的连单转化率已经达到25%以上。非素珠宝每件平均利润500元，一天共1000元利润，那么一年下来轻轻松松有三四十万元的净利润。

二、升级转化神器：礼品商城

中国人讲究礼尚往来，在实际的营销活动中，很多活动中都用到了礼品。

假如某件珠宝成本为500元，售价1000元，顾客8折购买，商家最终赚了300元。但是如果不打折，改为送赠品，当顾客买1000元珠宝，送成本价100元的赠品，给消费者的感觉比8折甚至更有价值，因为赠品本身有溢价，所以商家赚的会多于 300 元。更重要的是，消费者花了 1000 元不仅得到一件珠宝，还得到了一件实用的礼品。打折不仅会折损品牌的价值，也会降低消费者拥有的价值。

现在很多消费者在逛街时，都会优先选择有优惠活动的商家，消费者这样的消费习惯与如今电商疯狂宣传的"618""双 11"等优惠购物日有关，消费者更愿意购买有卡券优惠的产品，而不是直接的折扣商品。事实上，折扣对商家非常不好，容易伤害品牌价值，也会造成价格战，形成恶性竞争。

那不打折的店铺就卖不出商品了吗？

举一个美国快消品牌 Everlane 的例子。Everlane 是 2011 年创立于美国的服装快消品牌，近几年在优衣库、H&M、GAP 等快消时尚品牌风靡全球市场的趋势下，Everlane 这样一家新的公司如何打进服装市场呢？答案之一就是不打折！数年内 Everlane 就做到了年销售 1 亿美元的成绩。

珠宝店用可控制成本的精美礼品和卡券营销去代替打折。

当我们在户外看到"买别墅送房车"的广告牌时，会先关注一下送的是什么牌子的车。礼品的魅力有时甚至比商品本身还要大，我们珠宝商家当然很难做到"买珠宝送汽车"这么夸张的礼品活动，但我们可以精挑细选一些受客户欢迎的实用礼品，让客户感受到买一送一的购物乐趣。

1. 营销原理

礼品一直在终端销售中扮演着极其重要的角色，也是门店最易操作、效果最明显的营销手段之一。在各珠宝店都可看到礼品的身影，从生活用品到家用电器，从传统家居到智能设备，珠宝店绞尽脑汁就是为了做到"人无我有，人有我优"。

但是传统的礼品营销在终端实际落地过程中遭遇越来越多的问题。

下面让我们来看一下传统礼品的弊端在哪里。

（1）礼品囤压，占用资金。

珠宝店的礼品基本还是停留在原先的"先采购，再赠送"的传统模式，不仅占用了门店大量的展售场地，更占用门店资金流，影响门店日常经营，同时产生了额外的礼品库存管理成本。由于单店的采购规模与数量有限，导致门店采购礼品时无法获得最优价格，同时也没有过多精力投入礼品供应商的拓展及维系，造成门店礼品同质化严重、品类单一，无法满足所有顾客的需求。

（2）客户耍赖，挑肥拣瘦。

礼品在营销中比较重要的一个作用就是提升客单价，然而在终端常常会出现顾客只购买了 2000 元的产品，却要求赠送 3000 元档位的礼品的情况。面对这种情况，门店往往选择满足顾客，从而丧失了礼品原本的作用，更有门店准备了档次稍差的礼品，拉低门店形象，因此顾客流失的情况也时有发生。

（3）礼品损残，过时变废。

一些针对特定节假日活动的礼品，在无法预测活动效果的前提下，囤货太多，容易造成积压库存；囤货太少，影响活动效果。这也是每个门店在前期准备礼品的时候遇到的最大问题。

针对以上各种传统礼品营销问题，我们设置了一站式解决方案：线上礼品商城。优势如下：

（1）无需采购，厂家代发。

礼品商城所有的礼品全部由顾客购买珠宝后线上下单领取，供应商直接发货至顾客家中，下单的礼品是顾客自己选择的产品，增强了客户满意度，发货、售后全在线上进行，门店无忧，省时省事！

（2）海量礼品，随心选择。

礼品商城由专业管理团队运营，从源头把控礼品质量及最优价格，同时扩大了礼品品类，涵盖用户生活各个方面，多角度满足门店客户不同需求，让门店与顾客更安心享受知名礼品实惠价格。所有礼品环节均在线上完成，为门店省去了极大的库存成本及资金，同时所有顾客信息全部与 SCRM 系统（后续的章节会介绍到）链接打通，对顾客后续的数据进行分析并对消费喜好进行追踪。

（3）积分兑换，刚性门槛。

所有兑换礼品的环节由顾客自己在线上系统完成，当顾客积分不足或不满足领取条件时，即无法领取，全程无人工操作环节，杜绝了顾客耍赖的机会。

2. 场景运用

店铺的买珠宝送礼品是为了提高成交率和客单价，怎么样才能让顾客的购买力从 3000 元提升到 4000 元，这时专题营销活动板块和节假日营销活动板块的礼品就起到了关键作用。挑选的礼品一定要符合客户需求，方便实用，同时还要有溢价空间，比如成本价 100 多元的礼品，市场销售价大概在 500 元以上，然后我们把店铺全年非素销售分为两个档：1000—5000 元、5000—10000 元。

接下来我们要做平均客单价的分析，如果 1000—5000 元这个档次中平均客单价是 2000 元，那么我们就把礼品定为满 2600 元赠送（在原有平均客单价基础上提升 30%），5000—10000 元的同样可以这么做，这样可以通过礼品去刺激顾客提高客单价。

接下来，怎样提高成交率呢？

首先在制作活动海报时，设计一个主题：买珠宝，豪礼任您挑！然后在海报上面把礼品图片放上去，这样就区别开了我们和别的店铺的宣传，而且进店的顾客看到心仪的礼品，自然会选择购买。这样就提高了店铺成交率，使营销更有效果，同时也会对自己的品牌起到宣传作用。

3. 礼品商城落地关键点

（1）将爆款主推礼品制作成吊旗、海报、KT板等宣传物料，布置在门店显眼的位置。

（2）配合主推的礼品，店面应该准备适量的样品，方便消费者查看及体验，增强消费感觉，加强顾客想拥有的欲望。

（3）收银台附近等高频关注区，设置礼品展示区和台卡宣传。

（4）员工朋友圈宣传顾客消费完领取礼品图片；配合卡券功能裂变（如人情券裂变）。

第五节　业绩解决公式：复购率与裂变率

> 　　将用户数据化，从传统零售面目不清的"客流"变成有血有肉、特征明晰的"用户"，只有了解用户，才能满足用户需求。
>
> ——汪朝林

　　传统零售，是将 1 种产品卖给 1000 个顾客！

　　未来零售，是锁定 1 个顾客卖他 1000 次！

　　然后这 1 个顾客转介绍给 1000 个顾客，然后再每 1 个顾客再卖 1000 次！

　　这段话用在低频消费的珠宝行业可能不太现实，但却说明未来拥有忠实客户及裂变的重要性。当前大部分珠宝店都存在着会员管理不到位的情况：

　　（1）消费者不愿意填写、录入传统形式的会员资料。会员资料不清晰、不全面、不准确，无法对购买过的顾客进行维护，使珠宝店和顾客长期处于失联状态。

　　（2）部分会员管理对接了微信或 ERP 里的会员管理系统，但只是一个单纯消费数据的记录，会员详细消费数据无法统计规整，散落在各处，没有对数据深度挖掘，从而缺乏营销依据。

　　（3）会员维护方式陈旧，无法精准触达，导购离职后会员维护就会中断，珠宝店与会员之间产生断联。

（4）会员通道来源太多，珠宝店在后台没有关于会员的用户画像，无法做精准营销。

会员系统决定着一个珠宝店持续经营发展的问题，根据"二八定律"，往往 20% 的 VIP 会员创造珠宝店 80% 的业绩，所以我们需要一款智慧会员管理系统，帮助门店做好智能化、精细化会员管理工作，实现有效维护、召回老顾客以及裂变式的顾客转介绍。

珠宝销售成交并不是结束，而只是营销刚刚开始。因为接下来的追销和裂变才是让店铺持续赚钱盈利的关键。

一、会员维护复购神器：SCRM 会员管理

在数字时代，"流量复利"正是数字营销的迷人之处，它能在珠宝零售中发挥巨大的成效。

传统珠宝进销存系统就是单纯的货品和对账系统，精准数据分析根本无从下手。没办法分析顾客的客单价和连带率（顾客平均购买数量），因为 N 张订单被人为地合并了，更没办法按时段分析店铺的成交规律，因为所有订单都只是显示一个时间点。

随着移动互联网端口的普及，个人消费信息沉淀在商家系统后台，这些信息为商家提供了消费分析。获得意向客户后，信息自动分析就变成数字营销的重中之重。

通过数据链，商家传统"人、钱、货、客、场"的商业系统被重构。对于珠宝行业来说，数据的应用具有改革的意义，用流量思维去考量和评估用户获取成本，并且有效地统一并降低用户获取成本，将会成为未来每一家珠宝企业的营销基础。

如果一个珠宝店拥有很大的客流量，但是没有会员体系，珠宝店就没有数据，消费者的消费频率、喜好等消费信息的缺失会成为珠宝店经营的痛点。

智慧门店系统为解决珠宝店的会员问题，首先推出的模块之一就是链接式 CRM（即 SCRM），可以让珠宝店很快建立起自己的会员数据库。

系统上线后，后台还可以通过数据分析为会员贴上标签，按照会员不同的喜好推送专属的活动信息以及优惠券，这就是智能派券功能。智能派券功能能够促进已有会员再次消费，还可以增加与消费者的互动。

智慧门店系统不仅可以通过多渠道派券，还可以自定义优惠券，智能统计优惠券派送数量以及核销数量，通过优惠券吸引潜在会员，唤醒沉睡会员，刺激高频会员。

未来几年，传统 CRM 系统正在逐渐失效，传统 CRM 系统是基于店铺和客户之间的消费痕迹发挥作用的，但无法形成消费者立体画像，也无法对消费者进行短信和服务号资讯推送，所以不能和消费者产生沟通和连接。

基于这种情况，SCRM 应运而生。

SCRM（Social Customer Relationship Management，是链接式会员管理的缩写），核心是三个 S：Social（客户融合社交），Simple（管理简单有效），Smart（销售智慧赋能）。

SCRM 板块围绕用户的新增——留存——活跃——传播以及用户之间的价值供给关系建立起一个良性循环系统，持续管理各类相关数据，如用户数、活跃用户、标签式管理等。为达到相应的指标，设计智能触发营销参数、激励机制，从而衍生出智慧运营。

阿里巴巴集团 CEO 张勇解读新零售的未来时指出，走向新零售非常重要的标志是要完成消费者的可识别、可触达、可洞察、可服务。每个企业都要走向数据公司，才有可能走向新零售。

张勇的观点指的正是 SCRM 系统，从小数据时代过渡到大数据时代，在新零售的运营中，零成本科技公司的 SCRM 可以帮助零售金店给会员贴上数字化标签，对会员顾客进行精准营销，并通过对数据的科学分析，发现用户的需求和消费行为规律，更好地制定营销策略，从而实现"更好的用户体验"和"更高的运营效率"。

大数据时代，SCRM 为客户关系重新赋能。

1. 营销原理

SCRM 是一套以客户为中心，通过大数据链接客户管理的会员管理系统。其核心是重塑企业与客户的连接，通过连接吸引客户，维护客户，并实现持续性的客户关怀。只要录入系统，就有客户完整画像并且可以自动标签化，再通过大数据的客户标签管理提高客户的价值、满意度及忠诚度，为珠宝店创造持久黏性。

以"营销＋服务，平台＋数据"的方式，为珠宝店实现全渠道的会员营销，提供完善的会员营销和营销互动，使顾客真正成为珠宝店发展的核心资产。

客户一键扫码，会员在微信账号注册的信息自动导入会员管理系统。会员的数据标签多达几十个，而且珠宝店可以自定义数据标签。当珠宝店在后台设置好售后服务、客户关怀和营销活动时，后台会通过短信通道和微信服务号通道自动推送信息，对有意向和感兴趣的客户可以进行人工回访、跟踪，并且管理人员可以在后台查看回访记录。利用客户信息做精准营销、高效转化，以实现珠宝店会员资产所带来的利益最大化。

2. 场景运用

（1）营销场景一：粉丝营销。

珠宝店又该怎样利用好 SCRM，为店铺的营销服务呢？

我们将关注了珠宝店服务号但是没有消费行为的顾客在系统里归类为粉丝，已经消费过的顾客就归类为会员，这样珠宝店的粉丝列表可以清晰体现顾客来源，便于我们掌握拓客的有效渠道，而且针对没有消费的顾客我们可以利用卡券营销去刺激顾客消费，从而使其转变成为我们的会员。

（2）营销场景二：数据挖掘。

过去，珠宝店在做活动时，通常是给所有会员打电话，犹如大海捞针，缺乏精准营销。现在有了 SCRM 系统，珠宝店需要做活动时，只要通过数据挖掘就可以实现精准营销。

比如需要做一场 K 金秀，就可以这样筛选客户：

条件一：选择一年以内的客户；

条件二：购买过 K 金的客户；

条件三：购买金额达 2000 元以上；

条件四：购买年龄。

等各种需求标签点击确定，珠宝店这次活动所需的精准客户资料就全部筛选完毕。

自定义标签还可以按照店铺的实际需求筛选顾客资料，这样就能保证珠宝店的每一次活动都能吸引有效客源，提高顾客复购率。

3. 案例

案例一

2018 年 5 月，广东湛江某珠宝品牌旗下 4 家分店全线携手启动智慧零售升级战略。4 家珠宝店通过落地"百万寻亲"会员数字化营销活动，引爆"五一"之后又一波全城珠宝抢购潮，活动期间进店率、成单量、会员数节节飙升，仅用短短三天，就完成了平常一个月的销售目标。

与珠宝店签约后，零成本科技公司立刻派出金牌导师团队下店，亲自来到湛江门店指导店员使用智慧云平台。店员熟悉操作后，惊叹道："原来还有这么方便的操作系统，用精准的客户画像来分析，就算客流很多，也不会手忙脚乱了，还有交接班也轻松了很多。"

从珠宝店"百万寻亲"的成功不难看出，在数字化营销的加持下，零成本科技公司建立的开放、合作、融合发展的赋能平台，为全面推动珠宝品牌数字化转型，提供一站式商业解决方案，让零售品牌真正"智慧"起来。

面对市场的机遇与挑战，珠宝店要意识到通过数字化营销和管理赋能，才能立足于未来的珠宝市场。

案例二

随着新锐品牌的强势来袭，一些能更好把控数据、拥抱智慧系统的年轻公司、时尚品牌开始抢夺传统品牌的市场，甚至进行弯道超车，将传统珠宝商家挤出市场。河南巩义某珠宝店靠着传统规模效应占据了当地的市场，但随着近年数家品牌店铺进驻，其传统的优势稍有失色。

该珠宝店老板意识到转型的必要性后，最终选择了与零成本科技公司达成合作，开启门店数字化进程。

2019 年 4 月，零成本科技公司金牌导师团队下店，为该珠宝店旗下门店进行智慧零售系统的落地营销活动。

过去，该珠宝店依靠电子表格记录消费行为，并在每次活动前发动店员通过电话和短信将顾客邀约到店，但效果逐渐下降，信息留存困难。而零成本团队此次活动为独创的"百万寻亲"，召回老顾客，SCRM 精准保留了每一位客户信息，并为售后服务提供了便捷性。同时利用卡券功能，提升了转化率。

经过与零成本科技公司两个月的合作活动，截至 2019 年 7 月初，利用系统功能，店铺的销售额与以往相比有了超过 50% 的大幅增长，最重要的是沉淀了一大批忠实客户到店铺的服务号。

同时，门店通过线上线下的活动，让店员深刻意识到了智慧零售系统的巨大作用，店员的收入也有了提升。只有老板有转型意识，员工才有执行力，系统才能发挥最大的价值，从而创造更大的业绩。

二、会员绑定复购神器：微信会员卡

微信会员卡，让顾客离商家更近。微信会员卡作为腾讯微生活项目的全新产品，依靠腾讯亿级的用户群体，正在发挥着强大的吸引力。将电子会员卡呈现在微信中，让更多的人通过网络、报纸、杂志等途径，扫描二维码，成为商家的会员，享受会员待遇。由于不受行业限制，门槛比较低，微信会员卡已经成为时下主流的线上线下会员营销模式之一。

1. 营销原理

微信会员卡将珠宝店铺终端的会员管理、卡券营销管理等服务，在一个 SaaS 云平台上实现了与微信卡包的无缝对接。现在日常生活中越来越多的人使用微信的支付功能进行消费，珠宝店的会员卡可以直接出现在微信的卡包功能里。顾客在付款时出示会员卡可以一气呵成，就不需要再转到其他 App 里进行操作。

2. 场景运用

首先，商家可以在线生成会员卡，顾客即可在线领取或线下扫码领取会员卡，可以帮助门店快速实现线上拓客。领取的会员卡成功激活后就自动置入到了微信卡包内，当顾客在珠宝店铺消费时，只要出示手机里的微信会员卡的二维码，就可以享受珠宝店铺为会员提供的特殊优惠，如折扣、积分、礼品兑换、优惠券等，让珠宝店顺应了当前会员线上管理的趋势，实现了智慧珠宝店的第一步。

会员卡在激活时还会自动抓取会员在微信账号上注册的详细信息，这样就大大减少了顾客填写资料的复杂过程，也避免因为填写资料而给顾客办理会员卡带来不便。而且店铺没有制卡成本，还可以在线上自行设计专属的个性化卡片，操作简单，不受时间限制，也不会再与顾客失联，随时随地可以通过会员信息精准点对点地进行推广。

而且会员卡在顾客手机里是强黏度的，不会删除不会丢失，不占顾客手机空间。在顾客使用其他的会员卡时都能随时看到珠宝店的会员卡，提高了曝光率，潜移默化地提醒顾客是珠宝店会员。这是打造智慧珠宝店粉丝流量池的金牌小助手，为店铺业绩提高迈出第一步。

3. 会员卡落地关键点

将会员卡和会员福利联系在一起，做出相关台卡物料。

三、售后裂变神器：人情卡

互联网营销最大的魅力之一是裂变，没有裂变的营销都是可以想象的。互联网营销有裂变的功能，能够产生一生二，二生三，三生万物的效应。

让用户推荐用户，是裂变营销的核心。传统营销根本无法做到，只有借助互联网工具才能实现。

1. 营销原理

人情卡是顾客在珠宝店购买商品以后获得的裂变卡券。消费者本人不能使用，只能赠送给亲朋好友使用。总结来说，就是让顾客自动为商家推荐客户。

2. 场景运用

购买者获得人情卡，赠送给其亲戚朋友时，消费力基本都是同一层次的人群。赠送人在赠送时也会考虑到被赠送人的消费能力和消费动机，被赠送人使用人情卡消费后，赠送人和被赠送人会同时获得消费回馈和礼物，可以在礼品商城兑换礼品，增加老客户裂变新客户的速度。

3. 使用方法

（1）人情卡券只能送给不同的人，且每人只能赠送一张，有效期设置为 7 到 10 天。

（2）人情卡券设置根据品类和定价，金店自行设置使用门槛。

（3）最低 300 元的金额，低于 300 元，不能激发消费欲望。因此所有的卡券营销设置数字，最好不要低于 300 元。

以上设置是基础设置，大家可以根据店铺的消费平均单价调整价格区间和赠送比例金额。每个顾客在消费后，会得到 3 张人情卡。1 个顾客可以赠送 3 张卡，按照 30% 的成功率，这样一来 100 个顾客再推荐成功 100 个，不会断流，达到 300 个顾客变 900 个顾客的惊人的几何式裂变效果！

4. 人情卡落地关键点

（1）结合中国传统节假日主题，或店铺活动主题，建立情感连接，做出相关物料，将礼品图片用 A4 台卡、吊旗、店铺易拉宝展示，体现出礼品价值。配文：×××送您 ×××珠宝限量福利，会员好友专享！

（2）根据门店卡券实际情况设计台卡，刺激消费者业绩转化。

（3）收银台两侧摆放现场转赠人情卡即可获赠的礼品，礼品可选择流行刚需小礼品（充电宝、蓝牙耳机、潮牌包挂等）。

（4）顾客持卡回店引导，根据卡券金额推荐好友消费同等金额产品，如果顾客迟疑，将其引导至人情卡转化专区，人情卡转化专区实付 2000 元送礼品，通过礼品提高成交率及客单价。

（5）员工激励：

持人情卡回店消费的，设定一定的激励。

四、朋友圈第五条：节假日拦截刚需

今天的主流媒体是谁？是微信朋友圈，因为社交是我们的刚需。每天我们都要打开微信。

1. 营销原理

过去，我们看朋友圈的广告，看的时候很多广告只起到一个纯宣传的广告作用。珠宝店可以将活动主题海报和电子现金券链接到朋友圈广告里面，并且做商圈范围定位，让符合商家消费意向的消费者看到并点进去，送出珠宝的现金券，吸引商圈附近的潜在顾客到店消费。

在其他竞争对手还没抓到潜在顾客、有需求的人群时，利用朋友圈第五条的珠宝店就已经提前做了一次拦截。

2. 场景运用

假如你在深圳开了一家珠宝店，周围都是竞争对手，我们要怎么在这么多的竞争对手之中脱颖而出，让顾客一进到商圈就能第一时间知道你的店铺信息？

现在人们随时随地都在刷手机，通过手机商圈方位定位，对进入商圈的消费者都发送朋友圈第五条广告，那么潜在客户点进去之后，就会收到店铺的优惠券。在其他竞争对手还没有任何动作的时候，你已经提前和顾客产生了连接。

潜在客户在逛街时，会因为你的活动和卡券到你的珠宝店看一下。通过这种方式，首先创造引流客户，让客户不断地进到店铺中，等客户成交之后，保留客户电子质保单，又不断地锁定这批客户，再重复之前的操作：随心换（线上素转非）增加客户黏性频次、不断进行复购，提升连单比例，再辅以拼团秒杀砍价、节假日专场，盘活留存下来的客户。

珠宝店就可以不断地运营客户，从而形成一个营销闭环。

第六节 小结

　　现在所有的营销都形成一个闭环，只要顾客买完单，珠宝店就开始营销，真正做到一个长期化的营销。智慧零售营销的工具和玩法虽然千变万化，但营销的本质万变不离其宗，支撑起所有工具和玩法的核心逻辑是不变的。最后，我们通过下页的功能汇总图总结一下这一章讲解的内容：

　　这是一个营销的最坏时代，注意力从未如此稀缺，用户从未如此挑剔；这也是一个营销的最好时代，这个时代的用户比以往任何时候更具有合作性、人文精神和幽默感，他们身上藏有帮助品牌主实现自传播的钥匙，唯有跟紧他们的心理趋势，才能从疲惫的跟风者变为新颖玩法的创造者。

　　未来珠宝企业在竞争的过程中，以引领消费升级为主，未来消费的升级会让那些低质、低价的商品竞争不再可行。以主流用户需求为中心的创新时代和以争夺心智为制高点的品牌时代已经全面到来。

　　消费者是珠宝零售交易的中心。所以当门店想变革、想提升业绩时，出发点必须是让消费者获益。只有让消费者获益的变革，才是正确的方向。这种受益不仅是购买成本方面的获益，而且是产品情感、品牌价值、服务体验等方面综合的获益。

　　在这个时代，我们的产品可以被别人模仿，我们的服务可以被别人模仿，但是顾客和我们的关系，是别人模仿不了的。每个企业都要去深刻思考，我们如何长久经营我们和用户的关系。

　　最近很多人问，互联时代了，商业的本质是不是变了，营销的本质是不是改变了？不管什么时代，总有一些不变的东西，比如人性。所以商业的本质没变，营销的本质也没有变。变化的只是出现了更有效的工具和更好的内容，让消费者持续跟商家产生良好的互动关系。

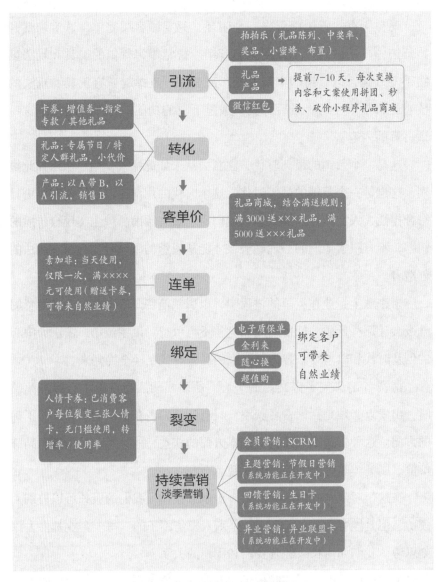

零成本智慧营销系统营销场景

第七章

迎接未来：
拥抱智慧零售时代

所谓兵无常势，水无常形。

在你以为智慧零售还是未来的时候，未来已经成为当下。

未来之路如何走？企业最大的危机，不是当下的利润少，而是对未来趋势不能清晰把握。

还在用过去经验经营的传统企业，以后就会明白不是输给竞争对手，而是输给自己，输给了时代。

当大变革的潮流来临时，不顺应时代的潮流，不做出应对之策，即使是再庞大的企业，也不能幸免于难。

雷军说："风口来了，猪都能飞起来。"顺势而为，对创业者来说，选择大于努力，眼光决定命运，时机奠定成败。

任何一个新事物出现时，要善于观察它的发展趋势，今天很多依旧过得很好的传统企业家也许并不是因为他有多聪明多能干，而是他的眼光非常准，敢于先他人之先，大胆冒险抓住机会。

任何事业，都可分三段，开始拼的是远见与决心，中间拼的是业务模式与管理模式，最后拼的是专注与坚持。前后拼的都是人心和创新，中间才是拼所谓的科学管理，成功的过程取决于科学，但决定成功开始与结束的，却是格局和心态！

第一节　智慧零售的发展趋势

> 不行动是最糟糕的。行动才有可能证伪，坐而论道没有意义。

任何决定都是不完美的，因为在没有产生好的结果之前，你甚至都不知道它是不是一个好的决定，但是没有决定是最大的问题。

不同的商业时代，有不同的商业形态。以超市、百货为代表的超级卖场集合了多种品类；以电商、团购为代表的超级平台聚集众多流量；以社交、资讯平台为代表的超级生态多维度地赋能商业；而在新的商业时代，零售商需要深挖超级用户，建立自有流量池。

实体店经历了从传统的物物交换到现在的移动互联网化，而在互联网时代，实体门店又经历了从门户网站到电商到微商，再到自媒体的时代。回顾实体店的商业发展历史，智慧零售就是时代发展的必然产物。

根据前面所讲的内容，我们会发现，智慧零售的发展，使得整个零售行业的效率更高，这是智慧零售的特点。而在这个商业模式不断进步和完善的过程中，我们的零售业态也逐渐发生了改变。

我们在第二章时就讲到，电商巨头们纷纷转向线下，线上线下开始从曾经的对立走向互相融合，正如新零售概念提出者马云说的那样："未来十年是新零售的时代，线上线下必须结合起来。"

这也预示着智慧零售时代的到来。在未来，商业的竞争已经不是线上线下的竞争，而是全网营销的竞争，拥有智慧零售系统落地的能力最重要。

对此，我在这一节中对之前所写的内容稍作总结，供大家参考，以提供一些未来转型新零售的思路。

1. 流量是零售的本质

我们花了第一章整章的篇幅，讲述了流量的重要性。流量是一个互联网时代的网络用语，而它的本质所对应的是每一个消费者。生意难做，关键在于客户流量，客户流量分为自然流量和经营流量。大部分靠自然流量的生意都比较难做，因为一有竞争生意就下滑。

流量是实体店的血液，没有流量就没有生意。建立可掌控的私域流量池，是实体商店在新的商业模式下，掌握话语权的第一步。而建立流量池最好的互联网工具就是智慧门店系统，这是新营销最重要的"核武器"。

2. 掌握用户思维

未来智慧零售，核心是互联网思维，而互联网思维，又以用户为中心。与传统的产品思维不同，转型智慧零售最为重要的一点，就是掌握用户思维，学会经营流量池里的"留量"。

经营"留量"的关键，在于锁客，一个是利益锁客，一个是情感锁客。设计工具产品进行利益锁客，设计一个人一生每个不同年龄段的情感需求点进行情感锁客，让"留量"成为"留财"，需要拉长时间周期来看整个战略的价值。

真正属于未来珠宝终端零售的盈利模式是什么？种种迹象表明，"用户思维"在今天是不可忽视的盈利之源。

这要求商家从"商品效应"跳转到"群客效应"。在传统零售时代，商家需要大量的顾客来维持生意，通过广开门店、增产商品来实现利润最大化；而在新零售时代的背景下，商家要提升群客的价值，让20% 的顾客贡献 80% 的业绩——这就是用户思维，经营"留量"。

3. 数字化与数据分析应用

零售是世界上就业人口最多、环节最复杂的行业之一，也是最能体现供应链效率的行业之一。从商品下单采购、仓储物流、销售到售后，需要很多支团队的协同作战，数字化则是极具效率的指挥棒。

20 世纪 90 年代初期，被称为百货商店之父的美国人约翰·沃纳梅克曾经这样说："我的广告费有一半浪费掉了，可我不知道是哪一半。"约翰·沃纳梅克没有足够的数据去解决哪一半广告费被浪费掉的问题，因为那时搜集数据太困难了，同时也缺少专业的数据处理技术。

在互联网和数据时代，对每一个顾客进行精准分析和对企业本身的管理都需要数据支持。企业决策正由"经验决策"不断向"数据决策"的规范转变。

数据本身已经成为企业新的资产，并将大大促进劳动生产率的提高和资产收益率的增加。

4. 全渠道建设，打造企业内外价值

智慧零售是打通线上线下的全渠道建设。

首先要实现的是建立"实体渠道"与"电子渠道"之间的连接，打通内部渠道，实现企业内部资源整合，内部全渠道对客户的服务一致。

其次是打通内部渠道与外部渠道，实现内外渠道对客户的衔接，放大全渠道客户入口价值。可以让客户在不同类型渠道之间无缝切换的全渠道，已经成为当前传统企业渠道转型的共同选择。

与此同时，企业要加强内在价值的建设。建设自身的文化价值，优化调整内部组织架构，以集中、统一运营管理为方向，最终，从业务流程、系统支撑、考核激励等三个方面，打破各渠道线上线下的资源壁垒，促进营销闭环形成和完善，实现渠道联动。

珠宝行业的发展历史，我将其总结为三个阶段：

（1）产品时代——这个阶段，卖货思维导致产品越来越同质化，获取客户的成本越来越高。

（2）渠道时代——以广告拉动消费人群，抢占货架、卖场的模式，导致转换率越来越低，流量始终走不出渠道。

（3）消费者时代——现在已经进入去中心化的碎片时代，以消费者为核心，以数据驱动运营，实现线上——物流——线下的消费闭环。

"零售终将回归本质"。未来，主动连接消费者且比竞争对手更快一步的门店能够活得精彩。

谁能更早让消费者认知、链接、产生互动，谁能为顾客提供更高效的服务和更优质的体验，谁就能掌握C端（客户）。而掌握C端的商家，就能更早地从地面营销走向空中营销，就能在市场竞争中胜出。

"现代管理学之父"彼得·德鲁克说过："创新是否成功不在于是否新颖、巧妙或具有科学内涵，而在于是否能够赢得市场。"

第二节 眼光决定命运 时机奠定成败

天下的本事有无数种，只有一种是你的命门，那就是眼光。眼光决定了你的命运，企业家最重要的品质就是决策思维。

在社会经济活动中，如果说机会带来了决定、改变了命运，那么决定命运的，就是眼光。

"江小白"白酒品牌的成功就是预见式转型，它的创始人陶石泉就是那种企业家！

白酒是传统文化的典型贩卖者，结果怎么样？白酒市场的末路不是因为限酒令，而是贩卖传统文化之路走到头了。"江小白"利用互联网思维做出了时尚白酒概念，与传统文化切割，只针对年轻人市场，就卖了几个亿，让传统白酒看不懂，但却在萧条的白酒市场上打开了一个巨大的盈利市场。

"江小白"创始人陶石泉说过："人往往会做错误的决定，因为错误的决定有短期的回报。只有坚持一个非共识但正确的决定，才能打败竞争对手。"

在"江小白"的创业中，我总结出一个思维叫作决策思维。决策思维是什么？你在自觉或者不自觉中已经做一些决定，是本能驱动做的决定，有时候你自己都毫无察觉。这就是决策思维。

很多企业家都说，我非常努力，但是现在怎么努力也赚不到钱。我认为这是因为决策思维里的安全思维，就是"别人没有做过的事情，我不要做，因为做了之后可能会承担失败的风险"。

所以大部分人做99%的决定都是在安全边界以内的。在珠宝行业里，不少营销人员和老板谈合作，老板通常问两个问题：做了吗？效果怎么样？

很多老板不主动走出安全区域，跳出固有的框架看待世界，自己的决策永远只能建立在他人的嘴里和他人的经验之上。等到其他竞争对手都完成转型了，再想着去分一杯羹，但红利已经消失了。

现在，智慧零售系统是一个正处于高速成长期的技术系统，正在帮助珠宝企业互联化，赶上这个时代的步伐。

在某种程度上，"观望"是一种理智的表现，但在互联网迅速迭代的今天，只有不断试错，才能让你迅速做出更明智的判断。

所以决策思维的关键点，就在于"非共识红利"，是指当他人还没有行动的时候，你先行动起来做决策，就还会有红利。

技术诞生初期的红利是最大的。每一次新技术出现的初期，都会带来颠覆性的影响。美国在线支付公司 PayPal、大数据科技公司 Palantir 创始人彼得·泰尔在他的畅销书《从 0 到 1》中这样写道："改变人类命运的，不是从 1 到 100 的量变，而是从 0 到 1 的质变。"

技术的诞生就是改变人类命运的质变。

第一次工业革命，蒸汽机出现的时候，人类担心蒸汽机取代人力，抢走人的工作，但事实是，蒸汽机提高了工业时代的效率。

第二次工业革命，电力广泛应用的时候，人们也担心被电力抢走工作，但是电给人类带来了更多的工作机会。

新技术出现的初期，是企业最容易把握机会、创新商业模式的最好时机。

淘宝天猫出现在互联网诞生初期，美团、滴滴、微信则出现在移动互联网诞生的时候。只要能把握非共识红利期，就能在商业战争中占有一席之地。

所以在互联网时代，一个核心的竞争要素就是：快！天下武功，唯快不破！

因此，一旦实体店有了策略和发展方向，一定要少一些犹豫、多一些果断，要敢于行动，要比别人快一步。也许就是这么一步，决定了在市场竞争中的输赢。

在互联网时代，没有所谓的传统行业，也没有所谓的新兴行业，有的是你能不能跟上这个时代变革的步伐，能不能不断进行自我革命。实体店不仅有未来，而且是充满希望和活力的未来。在智慧零售时代，线上线下早已无法分割，也不可分割。无论哪种业态，未来只属于率先拥抱互联网、开启新经营思路的人。

在智慧门店的转型过程中，不存在系统就能解决所有问题。智慧系统只是工具，只有依靠人的使用才有价值。一定会有大量的系统运营人才、互联网营销人才、大数据人才一起参与到这个时代的变革中。

让我们一起见证、探索、创造智慧零售的未来！

图书在版编目（CIP）数据

智慧新零售 ： 实体店零成本赋能实战技法 / 汪朝林
著. — 深圳 ： 海天出版社，2019.10
　　ISBN 978-7-5507-2718-2

　　Ⅰ．①智… Ⅱ．①汪… Ⅲ．①零售商店－商业经营－
研究 Ⅳ．①F713.32

　　中国版本图书馆CIP数据核字(2019)第167318号

智慧新零售： 实体店零成本赋能实战技法
ZHIHUI XINLINGSHOU：SHITIDIAN LINGCHENGBEN FUNENG SHIZHAN JIFA

出 品 人　聂雄前
责任编辑　南　芳
责任校对　万妮霞
责任技编　郑　欢
装帧设计　知行格致

出版发行　海天出版社
地　　址　深圳市彩田南路海天综合大厦（518033）
网　　址　www.htph.com.cn
订购电话　0755-83460397（批发）　83460239（邮购）
设计制作　深圳市知行格致文化传播有限公司 Tel：0755-83464427
印　　刷　深圳市华信图文印务有限公司
开　　本　787mm×1092mm　1/16
印　　张　14
字　　数　179千字
版　　次　2019年10月第1版
印　　次　2019年10月第1次
印　　数　1—8000册
定　　价　58.00元